수학이 숨어 있는 명화

수학이 숨어 있는 명화

수학이 숨어 있는 명화
초판 1쇄 발행일 2007년 5월 29일
초판 10쇄 발행일 2025년 3월 1일

지은이 이명옥·김홍규
그린이 강희경

발행인 조윤성

발행처 ㈜SIGONGSA **주소** 서울시 성동구 광나루로 172 린하우스 4층(우편번호 04791)
대표전화 02-3486-6877 **팩스(주문)** 02-598-4245
홈페이지 www.sigongsa.com / www.sigongjunior.com

이 서적 내에 사용된 Stella, Dali의 작품은 SACK를 통해
ARS, VEGAP와 저작권 계약을 맺은 것입니다.
저작권법에 의하여 한국 내에서 보호를 받는 저작물이므로 무단 전재 및 복제를 금합니다.

저작권 허가를 받지 못한 일부 작품들은 저작권자가 확인되는 대로 계약 절차를 맺고,
그에 따른 저작권료를 지불하겠습니다.

ISBN 978-89-527-4916-1 64410
ISBN 978-89-527-7273-2 (set)

이 책의 출판권은 ㈜SIGONGSA에 있습니다. 저작권법에 의해
한국 내에서 보호받는 저작물이므로 무단 전재와 무단 복제를 금합니다.

*SIGONGSA는 시공간을 넘는 무한한 콘텐츠 세상을 만듭니다.
*SIGONGSA는 더 나은 내일을 함께 만들 여러분의 소중한 의견을 기다립니다.
*잘못 만들어진 책은 구입하신 곳에서 바꾸어 드립니다.

WEPUB 원스톱 출판 투고 플랫폼 '위펍' __wepub.kr
위펍은 다양한 콘텐츠 발굴과 확장의 기회를 높여주는
SIGONGSA의 출판IP 투고·매칭 플랫폼입니다.

명화로 배우는
즐거움 1

수학이 숨어 있는 명화

이명옥 | 김흥규 지음

SIGONGART

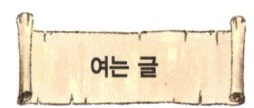

여는 글

 이명옥 관장님

그림이란 과연 무엇일까요? 화가의 내면에 자리한 다양한 감정이나 생각, 정서를 화폭에 표현한 것이겠지요. 그러나 단지 화가의 마음에 담겨진 것들을 밖으로 드러내는 것만으로 미술이 되는 것은 아닐 거예요. 마음이라는 내용을 담는 그릇, 즉 형식이 필요하거든요. 어떤 그림이 내용과 형식의 완벽한 조화를 이룰 때 우리는 그것을 미술이라고 부릅니다. 그만큼 미술에서 형식은 내용만큼 중요한 위치를 차지하고 있는 것이지요.

그런데 미술의 주요 형식에는 조화와 통일, 균형과 비례, 반복과 대칭 등이 있어요. 이들은 모두 수학적 요소입니다. 또한 재능이 뛰어난 화가들은 그림을 그릴 때 본능적으로 조화와 통일, 균형과 비례, 반복과 대칭 등 수학적 요소를 염두에 두고 그려요. 아름다움에 대한 갈망을 수학적 형태를 빌어 표현하는 것이지요. 친구들은 이 책을 읽으면서 그런 미술의 여러 사례들을 거듭 확인할 수 있을 거예요. 그림이 수학처럼 절대적인 형태를 갖춘다면 미의 본질을 표현할 수 있다고 믿었던 바로 그 화가들의 얘기니까요.

김흥규 선생님

자유로운 상상력과 아름다움의 추구, 이것은 미술과 수학의 공통점입니다. 미술은 그림을 통해 상상력과 아름다움을 추구하고, 수학은 도형과 수식을 통해 아름다움을 추구합니다. 그래서 미술과 수학을 잘 이해하려면 관찰과 상상이 매우 필요합니다. 교육 현장에 있다 보니 늘 관심은 친구들 생각에 모여집니다. 친구들이 지식보다 더 소중한 관찰력과 상상력을 기를 수 있게 하는 것이 늘 제 소망이었습니다. 화가들의 그림을 수학적으로 살펴보며 그림 속의 도형을 만들어 실험하다 보면 화가들이 숨겨놓은 보물들을 발견하게 됩니다.

바로 이런 즐거움을 한 권의 책으로 묶어봅니다. '컴퍼스를 손에 쥔 남자'를 시작으로 '빨려들어가는 정사각형', '물에 비친 신기한 그림자', '도형들이 연주하는 작은 음악회', '금빛 숫자에 담긴 놀라운 상상력', '선이 만드는 신비한 움직임', '씨앗에 담긴 놀라운 비밀', '돌고 도는 개미의 숙명'을 거쳐 '카드로 만든 성'이 바로 그것들이지요. 이 책을 통해 친구들이 발견의 즐거움을 누릴 수 있기를 진심으로 바랍니다.

차례

명화 쏙쏙 수학 쏙쏙 1   컴퍼스를 손에 쥔 남자 10

명화 쏙쏙 수학 쏙쏙 2   빨려들어가는 정사각형 26

명화 쏙쏙 수학 쏙쏙 3   물에 비친 신기한 그림자 42

명화 쏙쏙 수학 쏙쏙 4   도형들이 연주하는 작은 음악회 54

명화 쏙쏙 수학 쏙쏙 5   금빛 숫자에 담긴 놀라운 상상력 66

명화 쏙쏙 수학 쏙쏙 6 　선이 만드는 신비한 움직임 78

명화 쏙쏙 수학 쏙쏙 7 　씨앗에 담긴 놀라운 비밀 90

명화 쏙쏙 수학 쏙쏙 8 　돌고 도는 개미의 수명 104

명화 쏙쏙 수학 쏙쏙 9 　카드로 만든 성 116

작품 목록 132

수학이 숨어있는 명화의 주인공들

이명옥 관장님

머리에 예쁜 두건을 쓰고 친구들에게 명화를 소개하는 분이에요. 개구쟁이 단비와 함께 명화 여행을 다니면서 흥미롭고 재미있는 이야기를 들려주지요. 이번 여행에서는 투우사가 되기도 하고, 개미왕국과 카드나라를 방문하기도 합니다. 여우 단비와 관장님의 신나고 멋진 모험에 친구 여러분도 곧 초대장을 받게 될 거예요. 벌써부터 즐거움에 마음이 들뜬다고요?

여우 단비

이명옥 관장님과 함께 다니며 명화 감상의 즐거움을 전하는 귀여운 여우. 하지만 남자 친구에게 관심이 너무 많고 호기심과 엉뚱함까지 드러내며 관장님을 당황하게 만드는 엽기적인(?) 친구랍니다. 그래도 늘 밝고 상냥하게 웃는 애교 만점의 여우지요. 그녀가 가장 좋아하는 것은 예쁜 자신의 얼굴과 머리에 꽂은 분홍색 리본이라고 하네요. 아무래도 공주병에 단단히 걸린 여우인가 봐요.

김홍규 선생님

명화에서 수학을 찾아내는 머리 좋은 선생님이에요. 수학이라고 하니 벌써부터 머리가 아프다고 손사래를 칠 친구들도 있을 거예요. 하지만 선생님과 함께 여행을 다니며 수학의 비밀을 하나둘 알아가다 보면 어느새 수학과 친해진 자신을 발견하게 될 겁니다. 이번 여행에서 어떤 이야기 보따리가 풀려나올지 궁금함을 참을 수 없는 친구들은 강아지 누리에게 살짝 물어보면 어떨까요?

강아지 누리

김홍규 선생님의 애제자. 선천적으로 숫자 알레르기가 있지만 김 선생님의 노력으로 어느 정도 그 문제점을 극복하고 있답니다. 자신의 콤플렉스인 사각형 얼굴에 늘 불평을 해대곤 하지만 사각형이 등장할 때면 몹시 좋아하며 흥분하는 습관이 있답니다. 이번 여행에서 누리는 플라멩코 춤을 추는가 하면 탐정이 되기도 하고, 카드나라의 포로로 잡히는 등 변화무쌍한 모습을 친구들에게 보여준답니다.

명화 쏙쏙
수학 쏙쏙 1

컴퍼스를
손에 쥔 남자

 〈세상을 지으시는 하나님〉 | 교회용 삽화 | 오스트리아 국립도서관, 빈

즐겁게 감상하는 **명화**

원에 이렇게 많은 의미가 숨어 있었어요?

친구들,

대다수의 사람들은 미술과 수학은 전혀 공통점이 없다고 생각해요. 심지어 수학을 잘하면 훌륭한 미술가가 될 수 없다고 여기는 사람들도 많아요. 그러나 오랜 옛날부터 미술과 수학은 서로에게 자극과 영감을 주는 돈독한 관계였습니다. 정말일까, 의문을 갖는 어린이들을 위해서 그림과 수학은 다정한 친구라는 사실을 증명하는 첫 번째 그림(p. 11)을 소개하겠어요.

화면에 맨발인 남자가 등장했어요. 진지한 표정의 남자는 허리를 구부린 채 컴퍼스로 원을 그리는 중입니다. 이 남자는 행여 원을 잘못 그릴까 염려가 된 것일까요? 왼손은 원모양을 붙잡고 오른손은 컴퍼스를 쥔 채 신중하게 호흡을 고르고 있어요. 원의 중심에 컴퍼스의 한쪽 다리를 대고 잔뜩 긴장한 자세로 그리기에 몰두한 이 남자는 대체 누구일까요? 바로 창조주인 하나님입니다. 그런데 왜 창조주가 컴퍼스로 원을 그리는 것일까요?

신은 지금 세상을 창조하는 중입니다. 창조주가 붙든 동그란 물체는 태초의 우주이며, 컴퍼스의 한쪽 다리가 닿은 노란 물체는 지구에 있는 땅이지요. 한편 지구를 감싼 검푸른 공간은 하늘입니다. 갓 태어난 하늘에는 해와 달, 별들이 하나 둘 얼굴을 내밀고 있어요. 또 파도 치는 바다가 방금 탄생한 지구를 향해 밀려들고 있어요.

그런데 그림에 담긴 의미는 알았지만 좀처럼 의문이 풀리지 않아요. 왜 화가는 신이 세상을 창조하는 과정을 하필 원을 그리는 작업에 비유한 것일까요? 바로 신은 건축가이며 세상은 신이 만든 건축물임을 알리기 위해

서입니다. 이 그림은 13세기 초 프랑스 궁정에서 주문한 것이며 현재 화가의 이름은 알려지지 않고 있어요. 특이한 것은 13세기 무명 화가가 신이 컴퍼스로 우주를 창조한다는 파격적인 발상을 한 점입니다.

대체 그 까닭은 무엇일까요? 당시 시대 분위기에 영향을 받아서입니다. 중세 유럽인들은 컴퍼스를 무척 중요하게 여겼어요. 그 까닭은 당대 건축가들이 컴퍼스와 곡자를 사용해서 교회 건축물을 지었기 때문입니다. 중세 유럽인들은 기독교를 신봉했어요. 따라서 신의 거처인 교회를 짓는 데 필수적인 컴퍼스를 소중하게 여길 수밖에 없었지요.

또한 컴퍼스는 원을 그리는 데 반드시 필요한 도구였어요. 중세 유럽인들은 도형 중에서 원을 가장 중요하며 완전한 도형으로 여겼습니다. 심지어 원을 도형의 제왕으로 대접했어요. 그것은 원이 지닌 독특한 형태에서 비롯됩니다. 예를 들면 원은 시작과 끝이 없는 영원한 형태를 지녔어요. 이는 다른 도형에서는 찾기 힘든 원이 갖는 고유한 특징입니다. 하지만 유럽인들만이 원을 완전하며 영속적인 형태로 숭배한 것은 아닙니다.

다른 문화권에서도 원을 성스러운 도형으로 깍듯이 대접했어요. 많

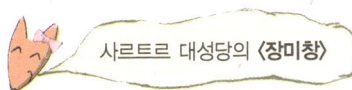

사르트르 대성당의 《장미창》

은 문화권에서 신으로 숭배한 해와 달의 형태가 바로 원형이기 때문이지요. 원을 경배한 사람들은 신성한 공간을 건축할 때도 원형 구조를 선호했어요. 예를 들면 사르트르 대성당의 장미창(p. 15)은 원의 신성함을 증명하는 대표 사례가 되겠어요. 또 완벽하며 이상적인 형태인 원은 도시 계획에도 고스란히 적용되었어요. 르네상스 시대 유럽의 대도시들은 원형의 형태로 설계되었어요. 프랑스 파리와 미국 워싱턴도 원형의 완벽함을 추구한 대표 도시입니다.

그렇다면 이제 여러분은 왜 신이 지구의 배꼽에 컴퍼스를 대고 원을 그리는 그림이 그려졌는지 이해할 수 있을 거예요. 화가는 신께서 이 세상을 완전하며 영원한 형태인 원형으로 창조하기를 바랐어요. 혼돈으로 가득 찬 우주를 수학적 질서를 지닌 아름다운 세상으로 만들고 싶었던 것이지요. 창조주가 수학을 적용해 세상을 창조했다는 발상은 18세기 영국의 화가이면서 시인인 블레이크에게 강한 영감을 주었어요.

블레이크 역시 컴퍼스로 세상을 측량하는 창조주를 그림(p. 16)에 묘사했어요. 신이 컴퍼스를 쥔 왼손을 앞으로 내밀며 세상을 건축합니다. 그림 속 우주는 아직은 혼돈 그 자체이며 칠흑처럼 어두워요. 태고의 거친 바람이 창조주의 하얀 수염과 머리카락을 저토록 매섭게 휘감고 있으니까요. 하지만 신이 사는 나라는 달라요. 완전한 형태인 원

블레이크 | 〈영원〉 | 1827 | 수채와 에칭

이며 눈부신 빛으로 충만합니다. 그런데 화가는 왜 창조주를 파파 할아버지로 묘사한 것일까요?

바로 기독교의 전통에 따라서 하나님을 인류의 아버지로 표현한 것이지요. 기독교는 유일신인 하나님을 믿어요. 이 신은 우주를 창조하고 세상만물을 다스리며 인간의 운명을 결정짓는 등 절대적 권위를 지녔어요. 또 사람처럼 행동하고 말하기도 합니다.

당연히 블레이크는 하나님이 노인이며 마치 신선과 같은 모습일 것으로 상상한 것이지요. 블레이크는 성서의 첫 장에 나오는 천지창조에 관한 이야기에서 강한 영감을 받아 이 장면을 그렸어요. 성서는 하나님이 태초의 혼돈을 극복한 후 우주를 창조했다고 말하고 있어요. 블레이크는 신이 태초의 혼돈을 정리했다는 바로 이 점에 주목했어요. 하나님은 반드시 수학적 사고를 지녔을 것이라고 짐작하고 신이 컴퍼스를 손에 쥐고 우주를 측량하는 장면을 그린 것이지요. 따라서 이 그림은 태초의 우주가 기하학 원리에 의해 창조되었다는 서구인들의 생각을 거울처럼 반영하고 있어요.

단비야, 그분은 그네가 아니란다.

자, 이제 컴퍼스로 세상을 창조한 그림의 숨은 의미를 정리할 시간이 되었어요. 우리가 살고 있는 세상은 마치 태고의 우주처럼 혼란스럽고 무질서합니다. 이런 혼돈을 극복하고 질서정연한 세상을 만들기 위해서는 어떤 해결책이 필요할까요? 바로 수학적인 사고를 지녀야 하는 것이지요.

관장님, 천지를 창조하신 분은 누구시죠?

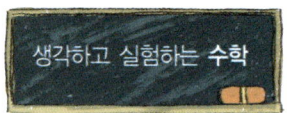

생각하고 실험하는 **수학**

세상을 설계한 컴퍼스엔
이등변삼각형의 성질이 숨어 있어요!

앞에서 감상한 블레이크의 〈영원〉을 다시 살펴보기로 해요. 이제 친구들은 하얀 수염을 날리는 할아버지의 오른손에 든 것이 삼각자처럼 보이지만 컴퍼스임을 이미 알았습니다. 친구들은 컴퍼스로 무엇을 하나요? 맞아요, 원을 그리기도 하고 거리나 각을 재기도 합니다. 〈세상을 지으시는 하나님〉에서도 컴퍼스가 등장했어요. 신도 수학을 무척 좋아했나 봅니다. 왼손으로 지구를 받쳐들고 컴퍼스로 땅, 바다, 나무, 꽃 등을 열심히 재가며 그리고 있잖아요. 수학으로 세상을 설계하고 있음에 틀림없어요.

 〈세상을 지으시는 하나님〉과 블레이크의 〈영원〉에서 볼 수 있는 **삼각형**

자, 그럼 이제 본격적인 수학 이야기로 들어가볼까요? 두 그림에 등장하는 컴퍼스 손잡이 부분과 양다리 끝점을 연결해 삼각형을 만들어보세요. 어때요, 두 종류의 이등변삼각형이 얻어지지요. 컴퍼스엔 언제나 이런 도형이 숨어 있답니다. 내친 김에 이등변삼각형에 대해 살펴보고 넘어가도록 해요. 여러 삼각형 중 두 변의 길이가 같은 것을 이등변삼각형이라고 합니다. 만약 세 변의 길이가 같으면 뭐라고 할까요? 하하하, 삼등변삼각형이라고요? 우리 친구들, 아주 논리적인 생각을 하는군요. 옛날 조선시대에는 정말 그렇게 불렀어요. 그렇지만 요즘엔 세 변의 길이가 같은 삼각형은 정삼각형이라고 부른답니다. 정삼각형도 이등변삼각형일까요? 그럼요. 정삼각형은 세 변 중 어느 두 변을 잡아도 그 길이가 같으니 당연히 이등변삼각형에 속하겠지요.

이등변삼각형 만들기

정사각형에서 이등변삼각형을 만들어볼까요? 선분 ㄱㄴ의 중점(가운데 점)을 ㅁ이라 할 때 점 ㅁ과 점ㄷ, 점 ㅁ과 점 ㄹ을 선분으로 연결하면 삼각형 세 개가 얻어집니다. 직각삼각형 ㅁㄱㄹ 과 직각삼각형 ㅁㄴㄷ은 크기가 서로 같아 포개면 서로 겹쳐지지요. 이런 도형을 '합동인 도형' 이라 부르지요. 이번엔 두 직각삼각형의 변 ㄱㄹ과 변 ㄴㄷ이 겹쳐지도록 붙여보세요. 큰 삼각형이 만들어지지요. 이 삼각형은 삼각형 ㅁㄷㄹ과 합동이고 이등변삼각형이에요. 믿어지지 않는다고요? 그럼 직접 색종이로 오려 포개보세요. 어때요, 두 변 ㅁㄹ과 ㅁㄷ이 정확하게 겹쳐지지요. 여기서 조금 더 생각하면 이등변삼각형의 두 밑각 ㅁㄷㄹ과 ㅁㄹㄷ이 서로 같음을 알 수 있습니다.

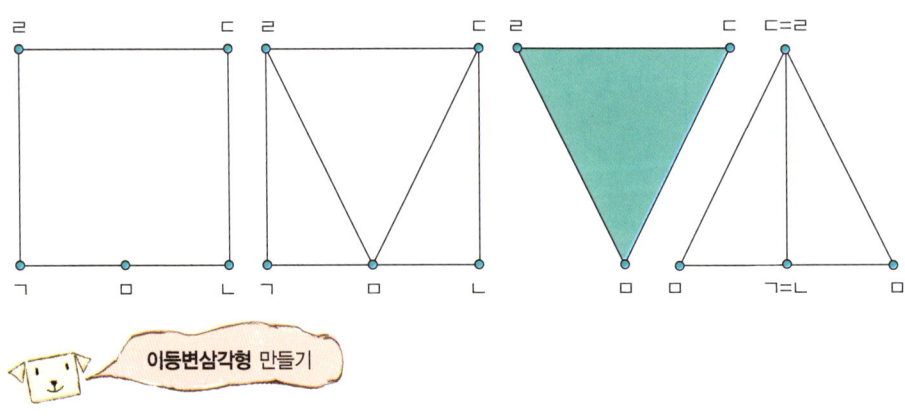

이등변삼각형 만들기

정삼각형 그리기

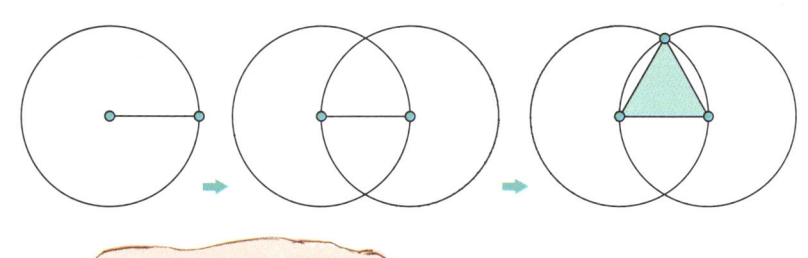

두 개의 원으로 정삼각형 그리기

세 변의 길이가 같은 정삼각형의 세 각은 역시 서로 같아요. 그렇다면 컴퍼스와 자를 이용해 정삼각형을 그릴 수 있을까요? 물론 가능하죠. 먼저 컴퍼스로 원 하나를 그리세요. 원 중심에서 원둘레의 어느 한 점을 잡아 연결하면 원의 반지름이 됩니다. 원의 반지름 끝에서 반지름이 같은 원을 하나 더 그려보세요. 어때요, 두 원이 서로의 중심을 지나면서 만나지요. 이때 두 원이 만나는 점(교점)은 몇 개가 될까요? 맞아요, 두 개입니다. 그럼 이미 그어놓은 원의 반지름에서 두 원의 교점으로 선분을 그어보세요. 삼각형을 만들 수 있지요. 이렇게 만들어진 삼각형은 한 변의 길이가 원의 반지름의 길이와 같아집니다. 어떤 삼각형이라고요? 세 변의 길이가 같으니 당연히 정삼각형이라고요. 우리 친구들 정말 똑똑하군요.

수학 이야기만 하니 머리가 아프다고요? 그럼 머리도 식힐 겸 다른 이야기를 들려드리고 끝맺을까 합니다. 위 두 원의 공통 부분을 보세요. 마치 물고기 부레같이 생기지 않았나요. 기독교에선 이 모양을 물고기의 상징으로 사용한답니다. 그런 까닭에 교회나 성당의 창문에서 이런 모양을 쉽게 볼 수 있는 것이지요. 또한 희랍어로 구세주 예수 그리스도의 머리 글자를 따서 단어를 만들면 물고기란 뜻의 단어가 됩니다. 우리나라의 대표 성당인 명동성당의 안과 밖에서도 원 모양과 물고기 모양의 일부를 볼 수 있답니다.

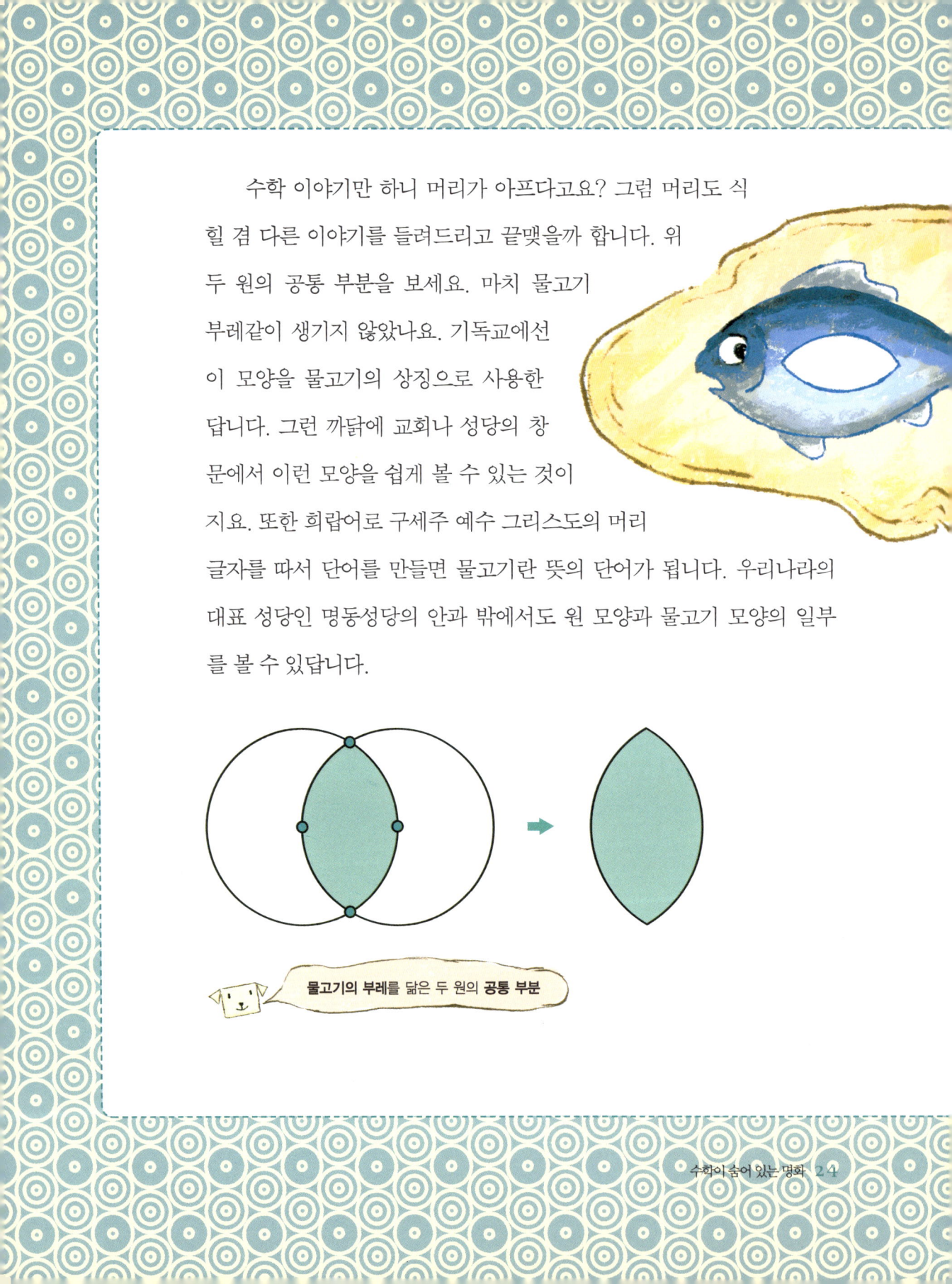

물고기의 **부레**를 닮은 두 원의 **공통 부분**

명화 쏙쏙
수학 쏙쏙 2

빨려들어가는
정사각형

©Frank Stella, ARS. New York-SACK, Seoul, 2007

프랭크 스텔라 | 〈도형〉 | 1968

즐겁게 감상하는 **명화**

대칭과 반복만으로
아름다움을 창조할 수 있나요?

지난 시간에는 완전한 도형으로 불리는 원이 등장하는 명화를 감상했어요.

이번에 감상할 그림에도 역시 도형이 나옵니다. 과연 어떤 도형일까 궁금한 친구들을 위해 미국 화가인 프랭크 스텔라의 아름다운 도형 그림(p. 27)을 소개하겠어요. 화면에 한 쌍의 나비가 머리를 맞대고 활짝 날개를 편 형태가 보여요. 사각형과 곡선, 직선이 유독 눈길을 끕니다. 그런데 특이한 것은 도

수학이 숨어 있는 명화 28

형들을 그렸는데도 화면에서 경쾌한 리듬감이 느껴진다는 점입니다. 그림을 바라보기만 해도 나비처럼 훨훨 날고 싶은 충동이 들어요. 왜 그림에서 그런 율동감이 느껴지는 것일까요? 바로 도형들을 대칭, 반복했기 때문입니다.

이를 확인하는 의미에서 여러분의 눈길을 화면 중심에 두고 마음속으로 수직선과 수평선, 대각선을 그어보세요. 도형들이 대칭, 반복되고 있는 것을 느낄 수 있어요.

스텔라 스스로도 화면에서 리듬감이 형성되는 비결은 도형들의 대칭과 반복에 있다고 고백합니다. 그는 평소 자신은 늘 대칭과 반복에 대해 생각하며 도형의 대칭, 반복만으로도 얼마든지 아름다움을 표현할 수 있다고 주장했어요. 이런 자신의 신념을 증명이라도 하듯 스텔라는 독특한 방식으로 작품을 제작합니다. 그는 손맛을 강조하는 다른 화가들과는 달리 기계적인 제작 방식을 고수해요. 예를 들면 스텔라는 그림에 관한 구상이 끝나면 캔버스에 디자인된 구성물을 연필로 옮겨그린 후 미술가들이 즐겨 사용하는 물감 대신 상업용 페인트와 금속성 안료로 채색해요.

그런데 이런 스텔라의 기계적인 제작 방식은 다른 화가들이라면 기를 쓰고 피하는 것이지요. 왜냐하면 대다수의 미술가들은 미술은 자유롭고 독창적인 창조 활동이라는 생각을 갖고 있으며 그런 까닭에 기계적인 제작 방식을 무척 꺼려 하거든요. 그러나 스텔라는 자신의 작품이 기계적이라는 비난을 전혀 두려워하지 않아요. 아니, 부끄럽게 여기기는커녕 오히려 보란 듯 당당하게 기계적인 제도 용구를 사용한 그림을 제작합니다. 이 그림 역시 마치 화폭을 재단하듯 정교하게 제작한 것입니다.

하지만 화면을 자세히 살펴보면 화가가 색채에 섬세한 변화를 주고 있다는 사실을 발견할 수 있어요. 반원 안에 자리한 타원형들을 관찰해보세요. 색상이 다를 뿐더러 도형이 잘린 형태도 각각 다릅니다. 이런 미묘한 색채의 변화와 도형의 잘린 부분들이 대칭을 비대칭으로 느껴지도록 만들며 기계적인 그림에 예술성을 선사하는 것이지요.

그런데 스텔라가 춤추는 화려한 도형들을 화폭에 그리게 된 것에는 결정적인 계기가 있어요. 스텔라는 1963년 이슬람을 방문했을 때 이슬람 건축 문양의 장식성에 깊은 감명을 받았어요. 그 황홀한 아름다움에 매료된 그는 행여 감동이 사라질세라 재빨리 아름다운 이슬람 건축 문양을 스케치했어요.

여행이 끝난 후 화실로 돌아온 스텔라는 영감을 주었던 이슬람 문양에 자신의 전매특허인 기계적인 방식으로 재단한 도형을 결합했습니다. 그 결과 어떤 현상이 벌어졌을까요? 추상과 장식성이 절묘하게 어우러진 화려한 도형 그림이 탄생한 것이지요.

기하학적 도형에 장식성을 융합한 스텔라의 작품은 도형의 반복과 대칭만으로 최고의 미를 창조할 수 있다는 사실을 증명했는데요, 오른쪽 그림 역시 도형을 대칭, 반복하는 그의 작품의 특징을 선명하게 보여줍니다.

이 그림은 정사각형 색면을 크기 순서로 배치한 것입니다. 커다란 사각형 안에 작은 사각형, 그 안에 또 작은 사각형 등 정사각형 형태가 계속해서 반복되고 있어요.

또한 화면 가운데 위치한 정사각형을 중심으로 각각 수평선과 수직선, 대각선을 그으면 완벽한 좌우 대칭이 형성됩니다. 아울러 화면 가운데 자리한 작은 정사각형에 눈길을 고정시키면 놀라운 현상이 벌어져요. 현기증이 일 만큼 안쪽으로 급속하게 빨려들어가는 느낌이 든답니다. 대체 왜 이런 착각이 들까요? 바로 정사각형 형태를 크기순으로 반복하면서 색채에 절묘한 변화를 주었기 때문입니다. 스텔라는 한 치의 오차도 허용하지 않은 정사각형에 변화와 활력을 주기 위해서 색채를 실험했어요. 그 덕분에 정사각형들이 앞으로 튀어나오거나 반대로

 프랭크 스텔라 | 〈르 베르 드 달랑베르〉 | 1974 | 캔버스에 합성 폴리머

안으로 들어가는 놀라운 효과를 내는 것이지요.

   이제 여러분은 스텔라가 왜 정사각형 색면을 크기순으로 배치했는지 그 의도를 알게 되었어요. 그는 색채의 대비와 특성, 도형의 형태와 구성의 변화를 탐구하기 위해서 정사각형 색면을 반복한 것이지요.

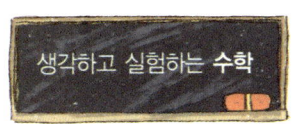

수학의 도형들이 아름다운 마술을 펼쳐요!

　자, 다시 프랭크 스텔라의 〈도형〉(p. 27)을 보세요. 꽃잎 네 장을 비슷한 모양으로 예쁘게 그려놓았습니다. 꽃잎을 하나하나 살펴보면 모양과 색깔이 모두 다름을 알 수 있어요. 그래서일까요? 꽃잎들이 더욱 아름답기만 하군요. 그렇다면 이 꽃잎들을 어떻게 그렸을까요? 작가에게 물어보면 금방 알 수 있겠지만 그림을 잘 살펴보면서 친구들이 추측해보기로 해요. 아마도 작가가 살짝 감춰둔 힌트가 있을 겁니다. 자! 그럼 슬슬 시작해볼까요?

　먼저 정사각형을 그린 후 정사각형의 한 변의 길이를 지름으로 갖는 반원을 각 변에 그려보세요. 각 변의 중점을 중심으로 세 개의 반원을 그리면 서로 걸쳐지는 부분에서 아름다운 무늬가 만들어집니다. 이중 지우개로 일부의 선을 지우고 예쁘게 물감을 칠하면 마치 화가의 작품마냥 멋진 그림이 눈앞에 놓여 있을 겁니다. 컴퍼스가 남긴 수학의 도형으로 이렇게 아름다운 문양을 표현하다니, 작가는 틀림없이 수학을 열심히 공부한 예술가였을 거예요.

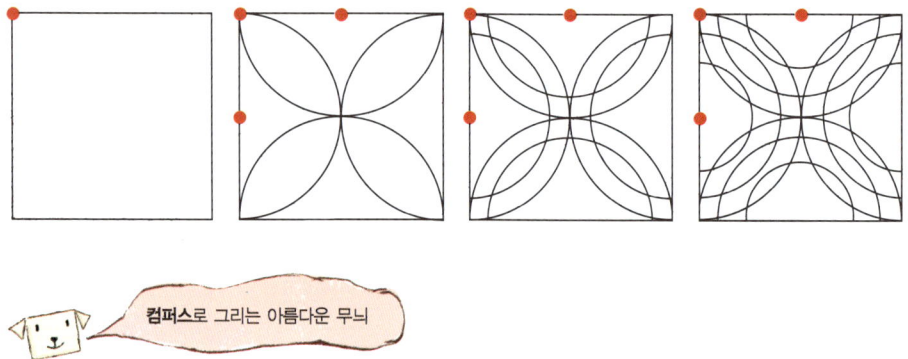

컴퍼스로 그리는 아름다운 무늬

프랭크 스텔라의 〈르 베르 드 달랑베르〉(p. 33)도 신기하긴 마찬가집니다. 정사각형 안에 정사각형들을 반복해서 그려넣었을 뿐인데 왜 이렇듯 신기하게 보이는 것일까요? 마치 정사각형 안으로 들어가는 듯 보이기도 하고 정사각형들을 차곡차곡 쌓아올린 것처럼 보이기도 합니다. 작가가 정사각형을 가지고 마술을 부린 것 같아요. 화가는 어떻게 정사각형들을 이처럼 규칙적으로 그려넣을 수 있었을까요?

먼저 정사각형을 그린 후 정사각형 안에 두 대각선을 그려보세요. 대각선들이 한 점에서 서로 만나지요? 이때 만나는 점은 정사각형의 중심(무게중심)이 됩니다. 자, 그러면 정사각형 안에 또 다른 정사각형을 그려볼 차례입니다.

먼저 정사각형의 중심과 네 꼭지점을 잇는 선분들의 중점을 잡아 점을 찍고 그 점들을 서로 연결하면 정사각형이 만들어집니다. 이런 과정을 되풀이하면 화가가 그린 것처럼 반복되는 정사각형이 나타나는 것이지요. 여기에 색을 입히면 작가의 작품처럼 정사각형의 마술이 친구들 눈 앞에 펼쳐질 겁니다. 정사각형으로 이렇듯 신비한 구조를 만들다니, 작가는 분명 마술에도 재주가 있는 예술가였던 모양입니다.

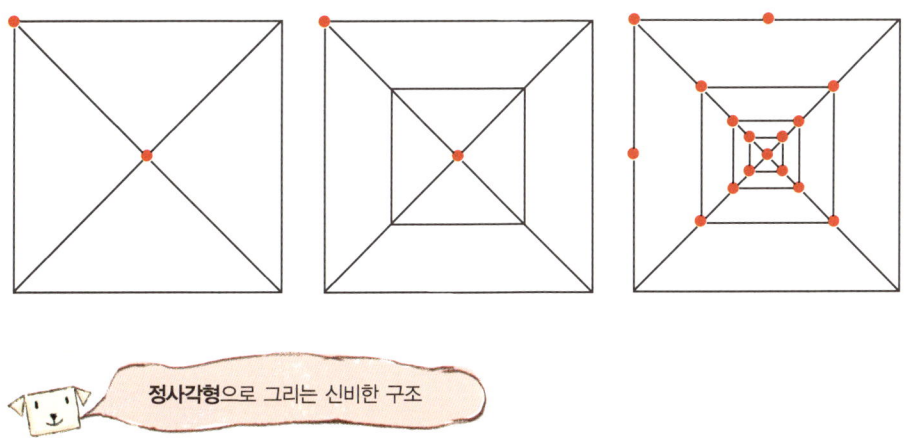

정사각형으로 그리는 신비한 구조

파인애플 조각의 신기한 마술

원을 그린 후 두 선이 원의 중심을 직각으로 지나도록 그어보세요. 처음에 그린 원보다 반지름의 길이가 짧은 동심원 하나를 더 그리세요. 어때요, 마치 통조림에 든 파인애플 조각 같지 않나요? 이것을 네 조각으로 나눠보세요. 그중 선분 ㄴㄹ, 원호 ㄹㅁ, 선분 ㅁㄷ, 원호 ㄷㄴ으로 둘러싸인 조각을 오려내기로 합시다. 파인애플 4분의 1 조각 같다고요? 이게 무슨 마술이냐고 불평하는 친구들이 있을 겁니다. 하지만 아직 마술은 시작도 안 했는걸요. 이 조각 중 두 개에 서로 다른 색을 칠해봅시다. 그리고 두 원호를 겹쳐보세요. 맞아요, 둘의 크기는 똑같아

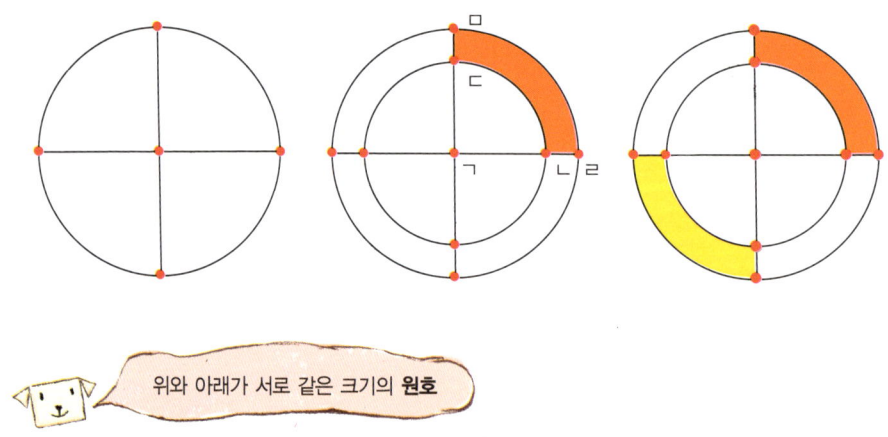

위와 아래가 서로 같은 크기의 **원호**

요. 하지만 위 아래로 층을 이루어보세요! 어라, 아래 것이 더 길어 보이잖아요. 도대체 어떤 마술이 적용된 것일까요? 사실은 눈의 착시랍니다. 둘은 똑같거든요.

정사각형 두 개로 만드는 더 커진 정사각형

크기가 다른 정사각형 두 개로 더 큰 정사각형을 만들 수 있을까요? 물론이지요. 큰 정사각형을 쪼개서 서로 잘 결합하면 충분히 가능한 이야기랍니다.

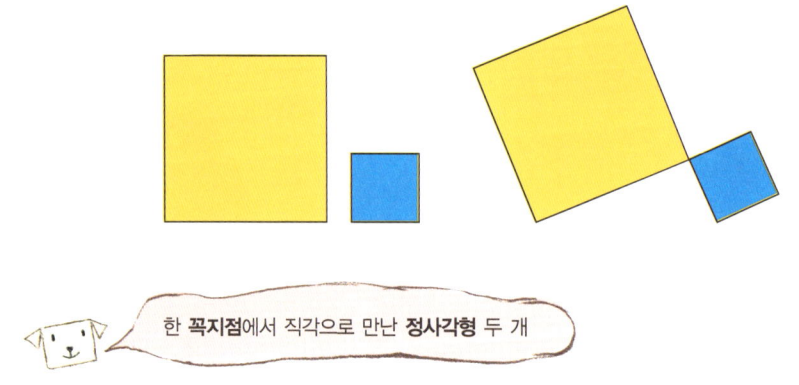

한 **꼭지점**에서 직각으로 만난 **정사각형** 두 개

먼저 정사각형 두 개를 적당히 옮겨 두 정사각형이 한 꼭지점에서 직각으로 만나도록 해보세요. 그 후 그림처럼 두 정사각형의 꼭지점을 이

은 변을 한 변으로 하는 정사각형을 점선으로 그려보세요. 마찬가지로 큰 쪽의 정사각형을 그림처럼 네 조각으로 나눠보세요.

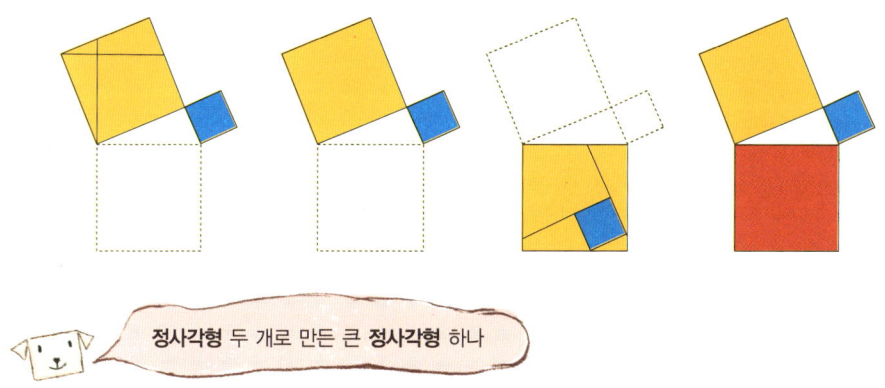

정사각형 두 개로 만든 큰 정사각형 하나

이제 점선으로 그린 정사각형 안으로 쪼개놓은 네 조각과 정사각형을 옮겨 배열할 차례입니다. 자, 친구들, 머리를 써서 더 큰 정사각형을 만들어보세요. 와, 벌써 만들었다고요? 네, 그렇죠. 정사각형 두 개가 점선의 정사각형 안으로 쏙 들어가지요. 정사각형 두 개가 큰 정사각형으로 감쪽같이 바뀌었네요! 정사각형의 놀라운 변신이 아닐 수 없어요.

이것을 수학식으로 설명하면 다음과 같아요.

정사각형(노란색과 파란색) 두 개로 만든 또 다른 정사각형의 넓이는 큰 정사각형(빨간 정사각형)의 넓이와 같다(이 내용은 피타고라스의 정의라고 불리지요).

명화 쏙쏙
수학 쏙쏙 3

물에비친
신기한 그림자

ⓒSalvador Dali, Gala Salvador Dali Foundation, SACK, 2007

달리 | 〈코끼리를 비추는 백조〉 | 1937 | 캔버스에 유채

즐겁게 감상하는 **명화**

수면에서 과연 어떤 일이 벌어졌을까요?

앞에서 소개한 스텔라는 도형을 반복하고 색채의 변화만 주어도 아름다운 미술 작품이 탄생할 수 있다는 것을 증명했는데요, 초현실주의 스타 화가인 달리도 대칭과 반복을 활용한 신기한 작품을 제작했습니다. 그럼 그림(p. 43)을 살펴볼까요?

티없이 밝은 한낮, 세 마리 백조가 호수에 몸을 담근 채 투명한 햇살을 즐기고 있어요. 파란 하늘에는 뭉게구름이 맑은 공기를 천 삼아 아름다운 자수를 놓습니다.

하지만 이처럼 환한 대낮인데도 천지는 마치 깊은 밤처럼 고요해요. 물에 드리운 백조들의 긴 그림자도 한낮의 정적을 더해줍니다.

아, 그런데 이게 웬일일까요? 물에 비친 백조들의 그림자를 보세요. 백조들은 어디론가 사라지고 난데없는 코끼리가 나타났어요. 기다란 백조의 목은 코끼리의 긴 코로, 백조의 몸체는 코끼리의 커다란 귀로 바뀌었어요. 어디 그 뿐인가요. 물에 비친 나무의 그림자는 굵직한 코끼리 다리로 변했어요. 세 마리의 백조를 젖히고 똑같이 생긴 세 마리 코끼리가 수면에 등장한 것이지요.

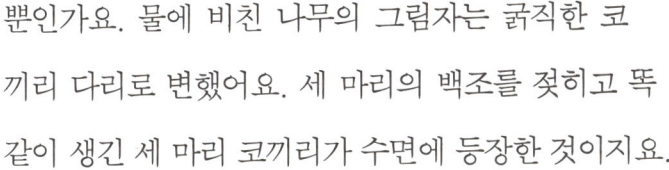

분명 백조와 나무의 물그림자인데 왜 엉뚱한 코끼리가 나타난 것일까요? 신기한 그림자 놀이 같은 이 그림의 의미는 대체 무엇일까요?

해답은 바로 달리가 꿈을 표현했기 때문입니다. 달리는 꿈을 그린 화가로 유명해요. 그 어떤 화가도 감히 꿈을 그림으로 그릴 엄두조차 내지 않던 시절에 달리는 꿈을 그릴 마음을 품었어요. 밤에 꿈을 꿀 때마다 잊지 않기 위해 날마다의 꿈을 자신의 공책에 기록했어요. 그런 다음 꿈에 본 형상들을 실제보다 더 실제처럼 그림에 표현했어요. 흔히 달리를 가리켜 '꿈을 찍는 사진사'라고 부르는 것도 꿈을 카메라로 찍은 것처럼 정확하게 그림에 묘사했기 때문입니다. 실제의 형상과 물에 비친 그림자가 전혀 다른 이 독특한 그림도 꿈을 표현한 것이지요.

꿈에서는 현실에서는 상상조차 할 수 없는 신기한 현상이 숱하게 벌어져요. 백조가 코끼리로 변하고 나무가 코끼리 다리로 변신하는 일이 얼마든지 가능해요. 다시 말해 백조이면서 코끼리가 되는 일이 전혀 어렵지 않다는 뜻이지요.

　꿈의 이런 신기한 현상을 '응축'이라고 말해요. 하나의 사물에 두 개, 혹은 여러 개의 형상이 담겨 있다는 의미지요. 달리의 위대함은 꿈에서 아이디어를 얻어 독창적인 예술로 승화시킨 것에 그치지 않아요. 그는 물에 비친 반사 이미지에도 눈길을 돌렸어요. 반사 효과와 수학적 요소인 대칭과 반복, 자신의 특기인 상상력을 결합해서 그 누구도 흉내 낼 수 없는 꿈 그림의 대가가 되었습니다. 타의 추종을 불허한 기발한 달리표 그림은 꿈과 수학적 원리, 과학적 지식이 결합되어 창조된 것이지요.

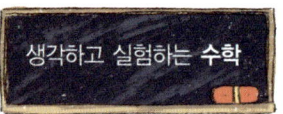

달리의 그림에서
재미있는 거울 대칭을 배워요!

　이미 감상한 〈코끼리를 비추는 백조〉(p. 43)에서 친구들의 눈을 사로잡은 것은 단연 물 위에 비친 모습이었을 겁니다. 달리의 꿈에 얽힌 이야기는 여기서 잠깐 잊고 이번에는 호수의 수면을 거울이라고 생각하고 이 작품을 감상해보세요. 어때요, 거울에 비친 백조의 모습이 더욱 인상 깊게 다가오지요. 마치 백조 여섯 마리가 위아래로 두 마리씩 마주보는 것 같지 않나요? 아직도 눈에 들어오지 않는 친구들이 있다고요? 그럼 수면 위의 백조에 수평선을 살짝 그어보세요. 이제 훨씬 잘 보이지요?

　그렇다면 작가는 호수에 비친 백조의 모습을 어떻게 그렸을까요? 백조를 그린 후 수평선 부분에 거울을 대고 거울에 비친 모습을 보면서 그렸을 거라고요? 우리 친구의 추리도 꽤 그럴싸하지만 실제로 이런 방법으로 작업하기는 쉽지 않았을 거예요. 자! 그럼 이 문제를 수학적으로 생각해볼까요.

먼저 수평선을 긋고 그 위에 백조 그림을 그리세요. 그리고 수평선에서 같은 거리만큼 수평선 아래쪽에 점을 찍어 표시하세요. 이런 식으로 바깥선을 표시하면 수평선을 기준으로 서로 마주보는 백조가 그려집니다. 즉 수평선을 기준으로 백조 두 마리가 같은 거리만큼 떨어져 마주 보는 형상이 되는 것이지요. 이때 수학식으로 백조 두 마리는 '수평선에 대해 서로 대칭'이라고 부른답니다. 수평선은 대칭의 기준축이니까 대칭축이라고 부르는 것이고요. 이제 달리의 그림(p. 43)을 다시 보세요. 수평선을 기준으로 대칭이 확연하게 눈에 띄지 않습니까?

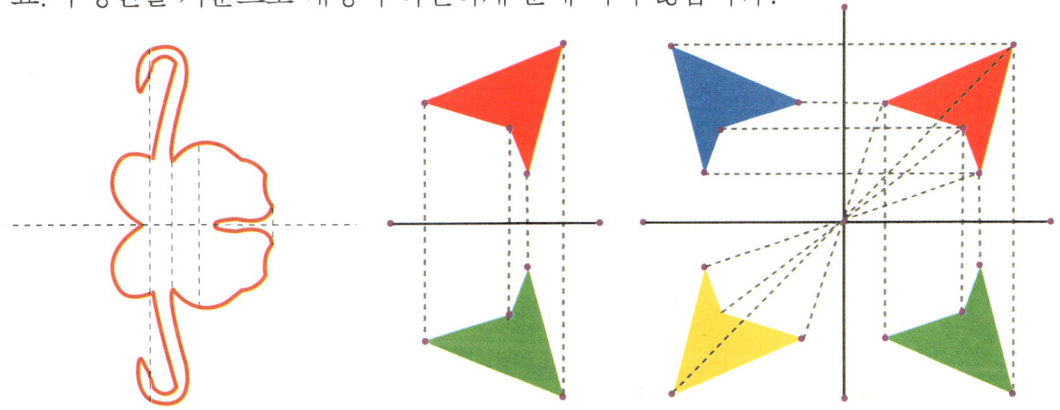

 〈코끼리를 비추는 백조〉에서 볼 수 있는 백조와 사각형의 대칭

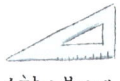 ### 거울로 보는 행운의 네 잎 클로버

먼저 색종이로 하트 모양을 예쁘게 오리세요. 그리고 그 앞에 평평한 거울을 대어봅시다. 어때요, 거울 속에 또 다른 하트 모양이 생겨나지요. 거울 밖의 하트와 거울 안의 하트는 거울면을 기준으로 서로 대칭인 셈이지요. 이번에는 평평한 거울면 두 개를 서로 직각이 되게 해보세요. 어떤 일이 벌어지나요? 네 잎 클로버가 생겨나지요. 한 개였던 하트가 거울 두 개를 직각으로 대니 클로버로 새롭게 탄생했습니다.

이번에는 평평한 거울면의 각을 다르게 해봅시다. 거울면 두 개가 이루는 각을 120도로 조절하면 한 개였던 하트가 거울에 어떻게 비쳐 보

 거울로 만든 또 하나의 **하트**와 거울 두 개로 만든 **네 잎 클로버**

일까요? 세 개의 하트로 이루어진 꽃이 되지요. 이번엔 거울면 두 개가 이루는 각을 60도, 30도로 조절해서 거울을 관찰해보세요. 거울에 비친 하트 모양이 각각 6개, 12개의 잎을 지닌 아름다운 꽃처럼 보여요.

여기엔 어떤 수학의 규칙이 숨어 있을까요? 벌써 알아챘다고요? 아직 이해하지 못한 친구들은 거울면 두 개가 이루는 각에 꽃잎의 개수를 곱해보세요. 어느 경우나 360이 되지요. 거울면 두 개가 이루는 각에 따라 두 거울이 만들어내는 물체의 개수가 달라지는 것이지요. 친구들도 실험을 통해 평면 거울 두 개가 만들어내는 거울 대칭의 마술 세계를 직접 경험해보세요.

두 거울이 이루는 각이 30도일 때 물체의 각과 개수의 관계 : 30×12=360

두 거울이 이루는 각이 60도일 때 물체의 각과 개수의 관계 : 60×6=360

두 거울이 이루는 각이 90도일 때 물체의 각과 개수의 관계 : 90×4=360

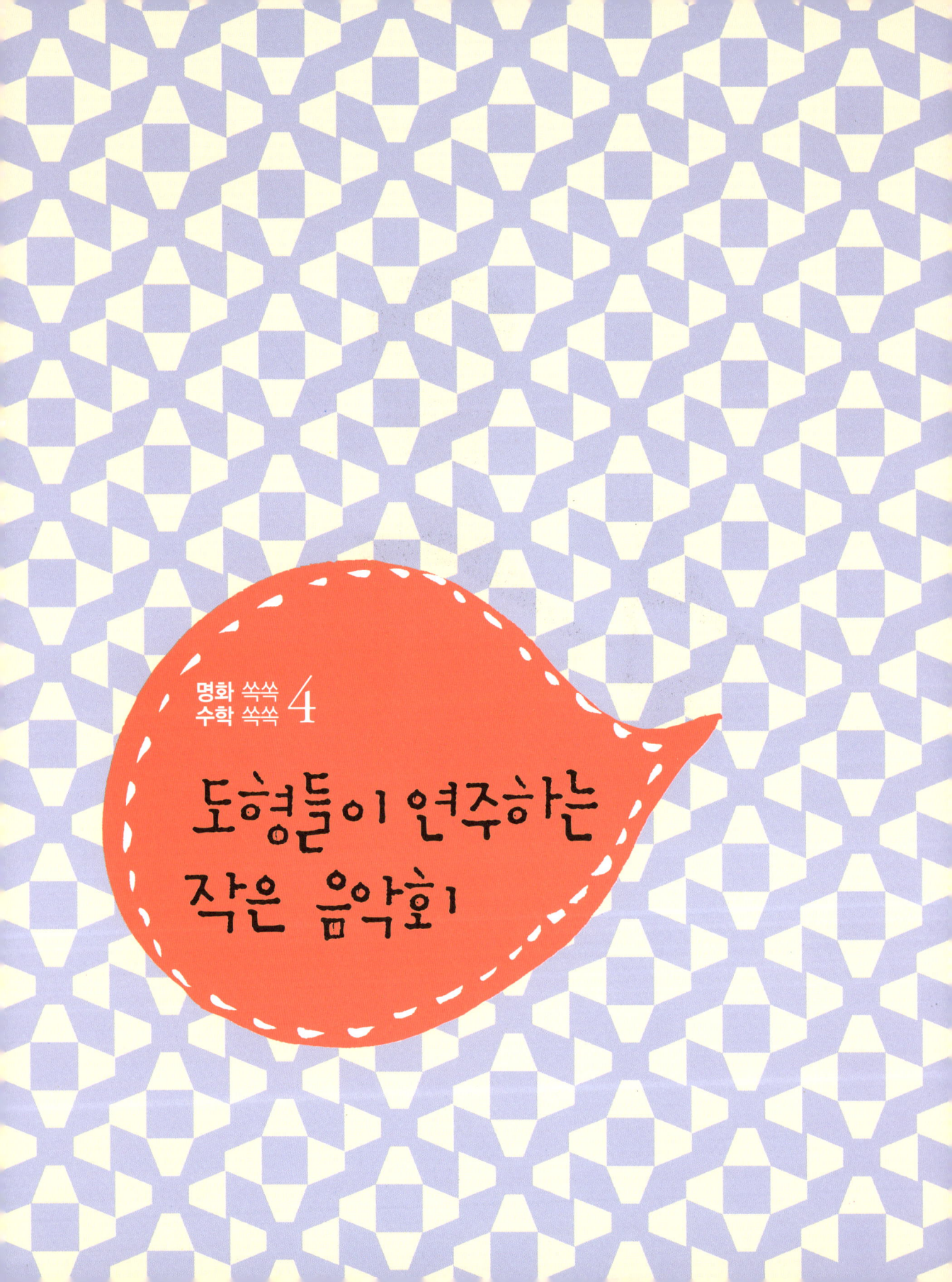

 칸딘스키 | 〈흰색 위의 연구〉 | 1922 | 캔버스에 유채

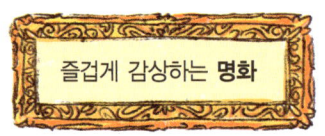

즐겁게 감상하는 **명화**

거꾸로 본 그림에서 현대 추상화가 시작되었다고요?

이 그림은 현대 추상화의 아버지로 불리는 칸딘스키가 그렸어요. 칸딘스키는 기하학적 형태와 색채, 즉 추상만으로 그림을 그린 최초의 현대 화가입니다. 추상화란 과연 어떤 그림을 뜻할까요? 추상의 어원은 '뽑아낸다'는 뜻을 지녔어요. 다시 말해 사물에 숨겨진 본질적인 특징을 추출하는 것을 추상이라고 부르지요. 그러나 대다수의 사람들은 그림에 그려진 내용이 무엇을 표현했는지 알 수 없을 때 추상화라고 부릅니다. 칸딘스키는 비구상 혹은 비재현 회화로 부르는 추상화를 어떻게 창조했는지 자신의 흥미로운 체험담을 빌어서 이렇게 밝히고 있어요.

1910년 어느 해질녘 작업실에 들어선 칸딘스키는 눈부시게 황홀한 그림을 발견하게 됩니다. 신비한 아름다움에 넋을 잃은 그는 수수께끼 같은 그림의 비밀을 캐기 위해 그림 앞으로 다가서요. 그 순간 칸딘스키는 아름다운 그림은 바로 자신이 그렸으며 벽에 거꾸로 세워놓은 것이라는 사실을 깨닫게 됩니다. 그림을 거꾸로 세워놓았기에 형상을 구별할 수 없었고 그런 실수로 인해 오히려 색채와 형태미에 눈을 뜨게 되었다는 사실을 알게 된 것이지요. 이날 이후 칸딘스키는 그림에 묘사된 구체적인 대상이 색채와 형태의 순수한 아름다움을 방해한다는 생각을 갖게 되었어요. 그리고 그림에서 진정한 아름다움을 해치는 구체적인 형상을 없애는 작업, 즉 선과 색채와 형태로 그림을 그리는 일에 자신의 남은 일생을 바치게 됩니다.

그럼 이런 추상 미술에 관한 정보를 바탕으로 그림을(p. 55) 감상해볼까요? 그림을 자세히 살피면 두 검정색 대각선이 가장 먼저 눈에 띄는 것을 확인할 수 있어요. 두 대각선은 화면 중심에서 각각 교차하면

그림에서 움직임이 느껴져요.

서 반대 방향으로 뻗어나갑니다. 그 덕분에 바깥으로 훤히 트인 네 개의 공간이 형성되었어요. 그리고 이 대각선들이 교차하는 지점을 향해 다양한 기하학적 도형들이 몰려들고 있어요. 갈색 사각형, 바둑판 무늬 사각형, 애벌레 형상이 새겨진 노란 사각형, 검정색 원, 푸른색 사각형, 동그란 눈이 새겨진 보라색 형태 등이 화면 중심을 에워싸고 있어요. 또 화면 왼쪽에서 오른쪽 방향으로 뻗어나가는 대각선 아래쪽에 그려진 반원들과 화면 왼쪽에 위치한 붉은색과 노란색 삼각형, 노란색 삼각형 주변에 물결치는 곡선들, 화면 왼쪽에 떠 있는 붉은 점과 화면 아래 그려진 세 개의 직선도 우리의 눈길을 끕니다.

과연 칸딘스키는 어떤 의도에서 이런 특이한 추상화를 그린 것일까요? 칸딘스키가 쓴 『점 선 면』이라는 책을 보면 그림에 숨겨진 의미를 알 수 있습니다. 칸딘스키는 다양한 도형들과 점, 선, 색채만으로 긴장과 이완, 운동과 정지, 날카로움과 부드러움, 자유롭고 활동적인 느낌을 표현할 수 있다는 것을 증명하기 위해 이 추상화를 그렸다고 밝히고 있어요. 예를 들면 칸딘스키는 관객의 시선을 화면의 중심으로 집중시키기 위해서 두 대각선을 반대 방향으로 교차시켰어요.

두 대각선의 교차로 인해 그림의 중심이 형성된 덕분에 화면에는 긴장감이 생겼어요. 이 중심은 다양한 도형들이 사방으로 뻗어나갈 수 있도록 하는 중대한 역할을 합니다. 어때요, 화면 중앙에서 사면으로 힘차게 뻗어나가는 운동감이 느껴지지 않나요? 하지만 칸딘스키는 화면에 강조 지점을 만드는 데 만족하지 않았어요. 조화를 고려했어요. 왼쪽에서 오른쪽 방향으로 뻗어나가는 대각선 아래쪽에 반원들을 그려넣었어요. 이 반원들은 날카로운 대각선을 부드럽게 완화시키는 효과를 냅니다. 또 화면에 운동감을 불어넣기 위해 붉은색, 노란색 삼각형을 절묘하게 배치했어요. 두 삼각형에서 경쾌한 속도감이 느껴집니다. 왜 그런 효과가 날까요? 바로 두 삼각형을 옆으로 비스듬히 뉘고 뾰쪽한 끝이 왼쪽 하늘로 향하도록 배치했기 때문입니다.

또한 칸딘스키는 대각선과 삼각형, 사각형의 직선이 주는 딱딱한 느낌을 유연하게 만들기 위해 자유롭게 헤엄치는 곡선을 화면에 그려넣었어요. 노란색 삼각형 주변에 흥겹게 떠다니는 곡선들을 보세요. 이

〈흰색 위의 연구〉의 부분

춤추는 곡선들은 자칫 경직될 수 있는 화면에 활력과 율동감을 불어넣고 있어요.

한편 배경에 떠 있는 붉은 점과 동그란 눈이 새겨진 보라색 도형 역시 화면을 부드럽게 만드는 감초 역할을 맡고 있어요. 그렇다면 화면 오른쪽 아래에 위치한 세 개의 직선은 어떤 배역을 맡았을까요? 이 직선들은 그림의 균형을 맞추기 위해 창조되었어요. 칸딘스키는 다양한 도형들이 세 직선의 반대 방향에 몰려 있는 것을 보완하기 위해 굵은 직선을 그려넣은 것이지요.

색채 또한 걸작을 창조하는 데 결정적인 기여를 하고 있어요.

각각의 도형들이 겹치는 부분에 나타난 색채의 미묘한 변화를 비교해보세요. 투명하게 겹치는 부분의 색채는 상호 대조되면서 생동감이 넘치는 화면을 구성하고 있어요. 이처럼 언뜻 보면 단순한 기하학적 형태들을 묘사한 것처럼 보이지만 칸딘스키는 치밀한 화면 구성을 시도하고 있어요. 다양한 도형들과 점, 선, 면, 색채는 제각기 독특한 개성을 지녔으면서 전체적으로 아름다운 조화를 이룹니다.

이 추상화는 대립과 화합, 중심과 바깥, 긴장과 이완, 질서와 무질서, 고요와 소란 등 상반된 요소들이 세상의 이치임을 보여줍니다. 칸딘스키는 현대 추상화의 선조답게 기하학적 요소만으로 세상의 진리를 표현한 것이지요.

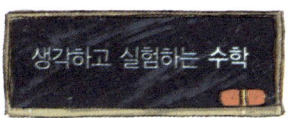

수학적 도형들로 다양한 모양을 만들어요!

칸딘스키의 그림을 보고 있노라면 직선과 곡선, 원과 삼각형, 사각형들이 서로 어우러져 악기 모양이 되거나 시계 형상이 되기도 합니다. 그런가 하면 도형들끼리 서로 길을 만들기도 하고 가로등마냥 빛을 품기도 하지요. 그야말로 다양한 도형들이 벌이는 아름다운 잔치라는 표현이 어울릴 듯싶군요. 수학의 요소들로 이렇게 아름다운 작품을 만든 것을 보면 칸딘스키 역시 수학을 무척 좋아했나 봅니다.

〈흰색 위의 연구〉에서 볼 수 있는 **삼각형**과 **사각형**으로 그린 배열

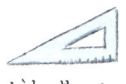

숨은 도형 찾기

칸딘스키의 작품에 나오는 사각형, 삼각형을 재배열하여 새롭게 그림을 그려보았어요. 하지만 그냥 그린 게 아니랍니다. 어느 곳엔가 별을 숨겨놓았거든요. 친구들이 그 별을 찾아보면 어떨까요?

정답 그림의 오른쪽 밑에 숨어 있었어요.

찰스 드머스 | 〈금빛으로 빛나는 5〉 | 1928 | 종이에 유채

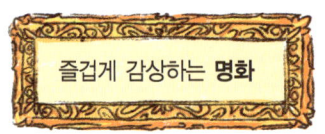

즐겁게 감상하는 **명화**

숫자 5에는 무슨 의미가 담겨 있을까요?

지난 시간에는 다양한 도형들과 점, 선들을 연출해서 추상 회화의 걸작을 창조한 칸딘스키의 작품을 감상했는데요, 이번에는 숫자를 활용한 추상 미술을 감상하겠어요. 미국의 화가 찰스 드머스의 〈금빛으로 빛나는 5〉(p. 67)입니다.

화면에 커다란 번호 5가 보이고 그 안에 작은 5, 작은 5 안에 또 다른 작은 5가 이어집니다. 꼬리에 꼬리를 물고 이어지는 5자에 눈길을 돌리면 화면 안쪽으로 급속히 끌려들어가는 기분이 들어요. 아니 정반대로 작은 5가 눈덩이처럼 커지면서 눈앞으로 돌진해오는 듯한 착각이 듭니다. 자칫 멀미가 날 것 같은 이런 증상은 프랭크 스텔라의 정사각형 색면 그림(p. 33)을 감상할 때도 이미 경험했어요. 이런 신기한 현상을 유도하는 비결 역시 형태의 반복이라는 사실도 이미 알고 있어요. 찰스 드머스 역시 반복을 활용해서 마술적인 효과를 얻었습니다.

하지만 도형을 반복해서 세상의 진리를 표현한 화가들도 감히 숫자를 활용할 생각은 미처 하지 않았어요. 대체 화가는 어디에서 아이디어를 얻어 숫자를 반복하는 그림을 그린 것일까요? 바로 자신의 친구인 윌리엄스가 쓴 「커다란 숫자」라는 시에서 영감을 받았습니다. 시에는 이런 내용이 있어요.

비 내리는 밤, 불빛 속에서 나는 5라는 숫자를 보았다. 그것은 붉은 불자동차 위에 금색으로 쓰여 있었다. 불자동차는 종소리와 함께 사이렌을 울리면서 어두운 도시를 가로질러 황급히 달려가고 있었다.

시를 읽고 크게 감명을 받은 드머스는 그 생생한 감동을 그림에 표현했어요. 만일 여러분도 이 시를 읽었다면 다음과 같은 장면이 금세 머릿속에 떠오를 거예요.

비가 주룩주룩 내리는 밤, 미국 뉴욕에서도 가장 번잡한 맨해

튼 지역에서 갑자기 화재가 발생했어요. 긴급 화재 신고를 받은 소방서는 서둘러 불자동차를 출동시켜요. 그러나 비가 내리는데다가 밀려드는 인파로 거리가 무척 복잡하기 때문에 길을 뚫고 나가기가 매우 힘든 상황입니다. 불자동차는 시민들에게 긴급 상황임을 알리기 위해 웽웽 사이렌을 울려요. 사이렌 소리에 깜짝 놀란 시민들은 길을 비켜주며 겁에 질린 눈길로 빨간색 불자동차를 바라봅니다. 시민들이 길을 터주기가 무섭게 불자동차는 총알처럼 질주합니다. 어찌나 빨리 달리던지 불자동차의 몸체를 보았는가 싶은데 저 멀리 사라져갑니다. 하지만 사람들은 바람처럼 스치는 불자동차의 번호판에 새겨진 숫자 5를 선명하게 기억합니다. 왜냐하면 번쩍이는 네온사인이 숫자 5를 비춘 순간 5자는 눈부신 황금빛을 발산했거든요.

어때요, 스스로 예술가가 되어 화가의 감정을 대리 체험하는 그림 감상법도 매우 흥미롭지요? 자, 그럼 이제

이 그림의 특별한 점이 무엇인지 정리해보겠어요. 그림은 숫자 5를 반복하면서 광선, 색채를 통해 대도시 뉴욕에서 자주 발생하는 대형 화재와 늘 사고의 위험을 안고 사는 도시민들의 위기 의식, 즉 불안감을 절묘하게 표현하고 있어요. 이처럼 추상화의 매력은 구체적인 대상을 묘사하지 않고도 상상력을 자극하며, 또 강렬한 감정을 표현할 수 있다는 것입니다. 이 작품 역시 구체적인 대상은 보이지 않아요. 화면에서 불자동차는 찾을 수 없어요. 화가는 단지 붉은색으로 불자동차임을 암시했어요. 그림의 배경이 대도시라는 사실도 광고 글자와 자동차 불빛으로 귀띔해주었어요. 하지만 여러분은 화면을 보면서 급하게 달려가는 불자동차의 속도감을 체감하게 되어요. 왜냐하면 화가가 긴급한 상황임을 강조하기 위해 숫자 5를 반복하면서 네온사인과 불자동차 불빛을 화면 안쪽에서 바깥 방향으로 날카롭게 뻗도록 연출했기 때문이지요.

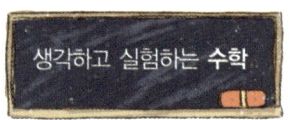

커지는 건지 작아지는 건지 알쏭달쏭해요!

〈금빛으로 빛나는 5〉에서 볼 수 있는 **숫자의 크기 변화**

〈금빛으로 빛나는 5〉에는 크기가 다른 숫자 5가 세 개 등장합니다. 그림 가운데 부분으로 갈수록 숫자 5의 크기는 작아지고 반대로 가장자리로 갈수록 크기가 커지는 느낌입니다. 내친 김에 숫자 5에 대한 흥미 있는 이야기를 소개할까 해요. 아프리카에선 5가 좋은 숫자로 통한다고 하더군요. 손가락이 5개라는 것도 이유지만, 주먹을 쥔 손 주위에 보석을 두르는 까닭 역시 좋은 것에 대한 믿음 때문이라고 하더군요.

이번에는 수학적으로 숫자 5를 살펴봅시다. 먼저 숫자 5를 홀수 번 더하면 어느 것이나 모두 1의 자리 숫자가 5로 끝나요. 또 5를 거듭해서 곱한 결과 역시 1의 자리 숫자는 5로 끝납니다. 보세요,

5+5+5=15이고 5×5×5=125잖아요.

자! 그렇다면 숫자 5를 기하학적으로 생각하면 어떨까요? 그림처럼 세 개의 숫자 5에서 같은 모양 부분을 선분으로 연결해보세요. 어떤 일이 벌어지나요. 맞아요, 선분들이 한 점에서 만나는 것을 알 수 있지요. 이 그림에 그려진 숫자 5는 서로 닮은꼴이라는 것을 확인할 수 있습니다.

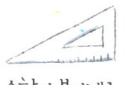

손가락 다섯 개를 이용한 구구단

수학이 보이네!

사람의 손가락은 왼손, 오른손 모두 다섯 개씩입니다. 손가락으로 수를 셀 때 다섯이 되면 손가락들이 모두 닫혀 주먹 모양이 됩니다. 반대로 열이 되면 손가락들이 모두 열리지요. 그런 이유로 다섯은 '닫힌다' 열은 '열린다' 와 관련이 있답니다.

자, 이제 왼손과 오른손을 이용해 구구단의 9단을 계산해봅시다. 먼저 3×9=27을 손가락으로 표현해봅시다. 손등이 보이도록 왼손과 오른손을 가지런히 펴고 그림처럼 왼손의 세 번째 손가락을 접어보세요. 접은 손가락을 기준으로 보면 왼쪽에는 두 개, 오른쪽에는 일곱 개의 손가락을 편 셈입니다. 그러고 보니 손가락으로 '(접은 손가락이 세 번째이므로 3, 편 손가락은 아홉 개이므로 9, 접은 손가락을 기준으로 왼쪽에 손

↓는 접은 손가락 표시임

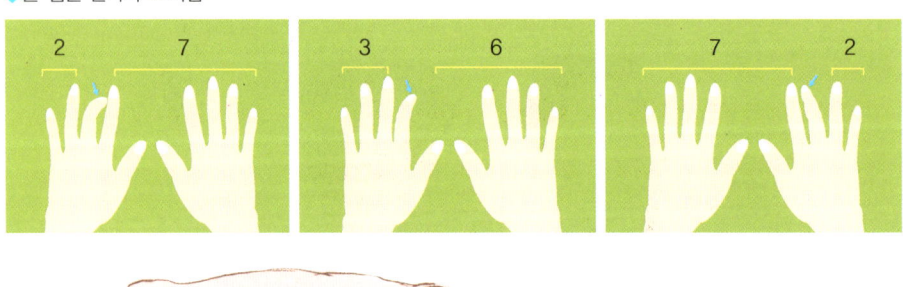

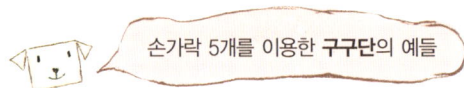

손가락 5개를 이용한 **구구단**의 예들

가락 두 개, 오른쪽에 손가락 일곱 개이므로)' 27이 표현된 셈이지요.

이번엔 4×9=36을 손가락으로 표현해봅시다. 마찬가지로 왼손과 오른손을 손등이 보이도록 가지런히 펴고 왼쪽부터 네 번째 손가락을 접어보세요. 접은 손가락을 기준으로 왼쪽에 손가락 세 개, 오른쪽에 손가락 여섯 개를 폈지요. 그러니까 손가락으로 '4×9=36'이 표현된 셈입니다.

친구들, 여기에 숨겨진 또 다른 규칙을 발견하셨는지요? 한 번만 더 손가락셈을 하면서 그 규칙이 무엇인지 생각해보기로 해요. 손가락으로 8×9=72를 표현해봅시다. 왼손과 오른손을 손등이 보이도록 가지런히 펴고 왼쪽부터 여덟 번째 손가락을 접어보세요. 접은 손가락을 기준으로 왼쪽 손가락 일곱 개, 오른쪽 손가락이 두 개를 폈습니다. 어때요, 8×9=72가 표현되었지요. 이쯤 되면 친구들 중 몇몇은 규칙을 발견했을 것 같아요. 그 규칙은 27, 36, 72 어느 것이나 각 자리수의 합이 9(2+7=9, 3+6=9, 7+2=9)라는 사실입니다.

로마 숫자 V

1부터 12까지의 수를 차례로 로마 숫자로 나타내면 Ⅰ, Ⅱ, Ⅲ, Ⅳ, Ⅴ, Ⅵ, Ⅶ, Ⅷ, Ⅸ, Ⅹ, Ⅺ, Ⅻ입니다. 여기서 4, 5, 6에 해당하는 로마숫자 Ⅳ, Ⅴ, Ⅵ 부분만 떼어내어 살펴보기로 해요. 과연 공통점이 무엇일까요? 맞아요, 모두 Ⅴ가 들어 있다는 것이지요. 그렇다면 왜 5를 뜻하는 글자가 4와 6에도 들어 있는 것일까요? 해답은 다름 아닌 손과 관련이 있답니다. 한 손의 다섯 개 손가락을 모두 펴보세요. 그리고 머릿속으로 엄지와 새끼손가락을 선으로 연결해보세요. 어때요, Ⅴ자 모양이 됩니다. 그런데 Ⅴ에서 왼쪽에 Ⅰ을 쓰면 뺄셈을, Ⅴ에서 오른쪽에 Ⅰ을 쓰면 덧셈을 나타냅니다. 그러니까 Ⅳ는 5-1=4를 뜻하고, Ⅵ은 5+1=6을 의미하는 것이지요.

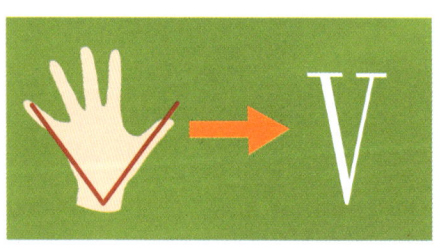

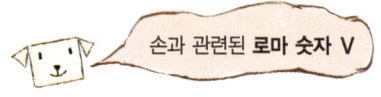

손과 관련된 **로마 숫자 Ⅴ**

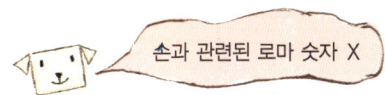
손과 관련된 로마 숫자 X

이번엔 그림처럼 두 손을 서로 대칭이 되게 맞댄다고 상상해보세요. 어떤 글자를 생각할 수 있을까요? 그렇죠, V자 두 개를 붙인 로마 숫자 X자 모양을 생각할 수 있지요. 그래서 로마 숫자 X은 10을 나타냅니다. 같은 방법으로 로마 숫자 X의 왼쪽에 I을 쓰면 뺄셈을, 오른쪽에 I을 쓰면 덧셈을 나타내므로 IX는 10-1=9를 나타내고, XI은 10+1=11을 표현하는 것이지요. 이외에도 로마 숫자 VII, VIII, XII 역시 덧셈을 나타낸 것으로 각각 5+2=7, 5+3=8, 10+2=12를 뜻합니다. 그렇게 생각하고 로마 숫자들을 보니 머릿속에 숫자들이 쏙쏙 들어오지요?

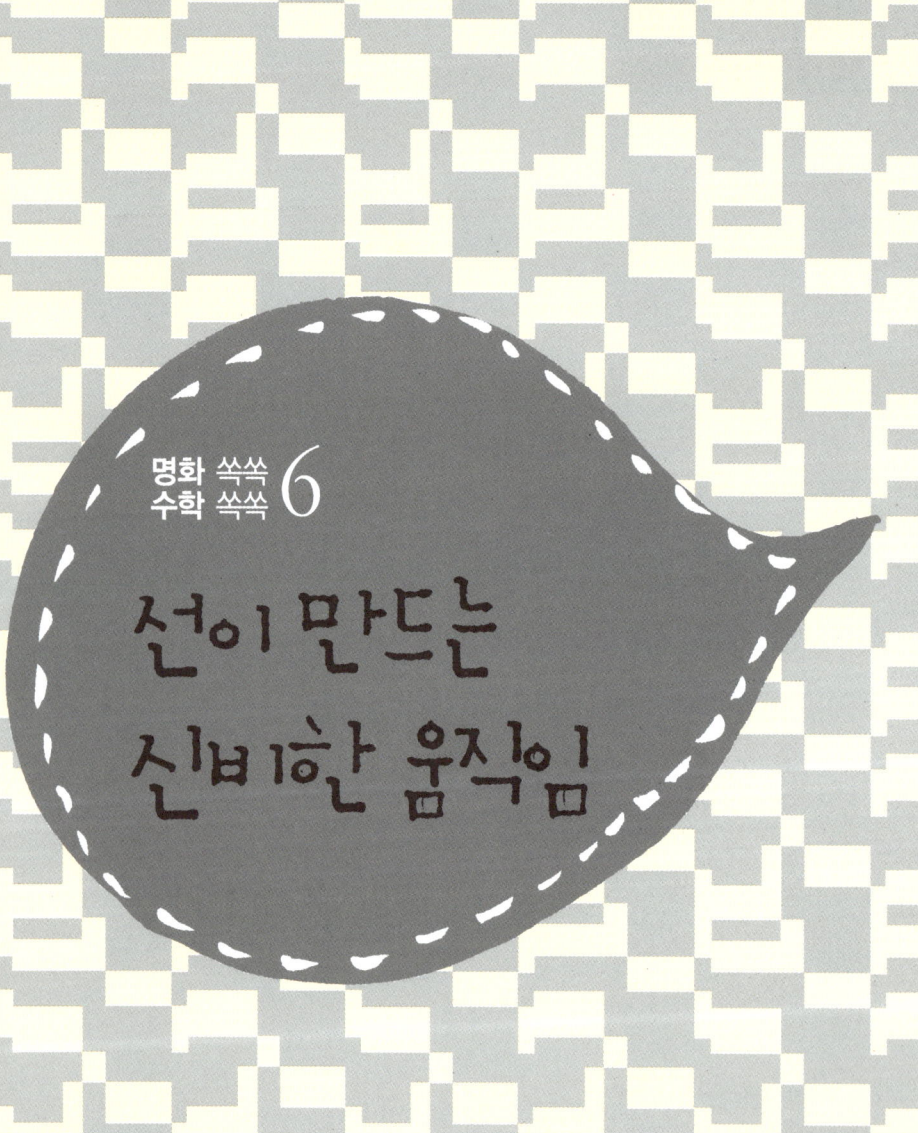

명화 쏙쏙
수학 쏙쏙 6

선이 만드는
신비한 움직임

 브리짓 라일리 | 〈폭포〉 | 1964 | 구성 보드에 합성 염료

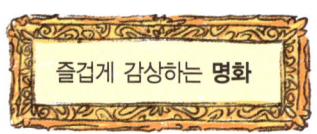

즐겁게 감상하는 명화

정지된 그림이 자꾸만 움직인다고요?

찰스 드머스가 현대 도시인들이 일상에서 느끼는 불안감을 숫자 5로 반복해서 표현했다면(p. 67) 이번에 소개할 브리짓 라일리는 곡선을 반복 사용해서 자연의 특성을 묘사하고 있어요. 제목은 〈폭포〉(p. 79)입니다. 그림을 관찰하면 곡선들이 동일한 형태로 반복되는 것을 확인할 수 있어요. 제목 그대로 물살이 마치 폭포처럼 바위를 타고 아래로 흘러내리는 듯한 착각이 듭니다. 화가는 어떻게 이토록 놀라운 효과를 연출할 수 있었을까요? 바로 물결 모양의 곡선을 단순 반복해서 사용했기 때문이지요. 이 그림의 매력은 가까이에서 보면 곡선이지만 멀리 떨어져서 보면 물살이 쏟아지는 폭포처럼 느껴진다는 점입니다. 기다란 곡선들은 화면 아래쪽을 향해 리듬을 타면서 꿈틀대요. 그 바람에 그림 속 곡선들은 마치 폭포의 물살처럼 요동치는 것 같고, 또 일그러져 보여요.

  이처럼 정지된 그림이 마치 생물체처럼 움직이는 효과를 내는 그림을 가리켜 '옵아트'라고 부릅니다. 옵아트란 1960년대에 탄생한 새로운 형태의 추상 예술을 가리키며, 인간의 시각 현상을 과학적으로 탐구합니다. 기하학 형태나 색채의 장력을 이용해 시각적 착각을 일으키는 것에 미술의 목표를 두고 있어요.

  옵아트 작가들은 과학적인 기법을 도입해서 기하학적 이미지들이 화면에서 움직이는 것처럼 보이도록 했어요. 이런 놀라운 효과 때문에 당대 패션이나 상업 광고에도 커다란 영향을 끼쳤고, 또 최신 유행을 주도하기도 했어요. 그런데 미술가들은 왜 전통적인 미술을 버리고 옵아트라는 최첨단 미술을 창조한 것일까요?

바로 움직임을 미술로 표현하고 싶었기 때문입니다. 사실 활동 사진으로 불리는 영화와 텔레비전과 달리 그림이나 조각은 움직임을 표현하기가 무척 어려워요. 그러나 참신하고 혁신적인 미술을 창조하고 싶었던 옵아트 예술가들은 그림이나 조각은 정지된 것이라는 고정관념에 도전해요. 마침내 그들은 치열한 연구와 실험 끝에 움직이는 듯한 착각을 주는 기법을 개발합니다. 그리고 옵아트 작가들이 움직이는 미술을 창조한 덕분에 미술의 영역은 더한층 넓어졌어요. 이 그림을 그린 라일리는 대표적인 옵아트 작가지요.

지금 감상한 작품도 전통적인 미술의 한계를 훌쩍 건너뛰고 싶은 옵아트 예술가들의 야망이 강하게 드러나 있어요. 라일리는 곡선의 반복과 독특한 배열을 통해 움직임을 연출했어요. 어때요, 평면인 그림이 마치 마술을 부리듯 꿈틀거리는 것이 느껴지지 않나요?

자, 이제 이 그림의 의미를 정리해볼까요?

라일리는 과학자처럼 시각적 효과를 탐구한 끝에 곡선의 반복만으로 물의 흐름을 표현하는 경지에 도달했어요. 그런데 폭포를 묘사한 바로 이 점이 다른 옵아트 작가들은

넘볼 수 없는 그녀만의 장점이랍니다. 라일리는 시각적 착란 현상에 의해 정지된 곡선들이 움직이는 것처럼 보이는 놀라운 효과를 연출하면서도 결코 대자연에 대한 사랑을 잊지 않았어요. 최첨단 미술인 옵아트에 자연의 소중함을 담았습니다. 여러분도 이 작품을 감상하면서 폭포의 물살이 아래로 힘차게 떨어지는 소리와 하얀 물보라를 느꼈을 거예요. 수학적 기법에 대자연의 경이로운 힘을 접목한 라일리의 옵아트! 이처럼 서정적이며 시적인 옵아트를 창조했기에 그녀의 작품은 지금껏 많은 사랑을 받고 있답니다.

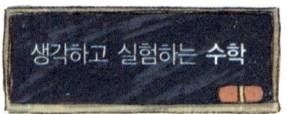

선의 예술이 신비로운 착시를 만들어요!

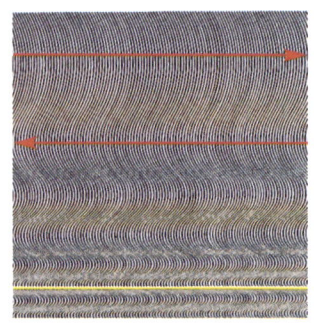

〈폭포〉에서는 다양한 곡선 배열들이 눈에 띄어요. 즉 폭이 좁을수록 움푹 파여 있거나 불룩 솟아 움직이는 느낌을 주고(노란 선 부분), 반대로 폭이 넓어질수록 자연스럽게 오르내리는 느낌을 받습니다(빨간 화살표 부분).

이번에는 곡선이 아닌 정사각형으로 움직이는 듯한 그림을 그려볼까요? 자, 왼쪽 그림을 보세요. 안으로 빨려들거나 밖으로 밀려날 것만 같지 않나요? 그렇다면 이 그림은 어떻게 그렸을까요? 먼저 같은 간격으로 가로줄을 그리고, 가운데 부분으로 갈수록 폭을 줄여가며 세로줄을 그리세요. 이렇게 만들어진 정사각형 또는

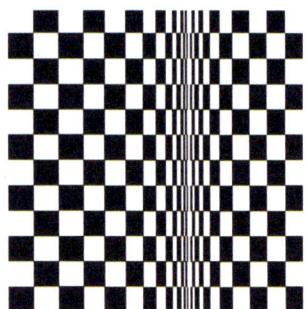

 〈폭포〉에서 보이는 다양한 **곡선**의 느낌과 **정사각형**이 만든 움직이는 그림

직사각형에 흰색과 검은색을 번갈아가며 입혀보세요. 도형들이 마치 움직이는 듯 곧바로 마술을 부리지요. 수학적 곡선과 직선이 착시를 일으킨 셈이지요.

수영복이 움직인다!

 ## 선의 변화만으로 흔들려 보이는 배열

선분을 그림처럼 지그재그로 꺾어 나란히 두 줄을 그리세요. 그 사이에 같은 크기의 원을 일직선으로 배열해보세요. 순간적으로 원이 오르락내리락하는 것처럼 보이지 않나요? 이것이 바로 선분이 만들어낸 착시입니다.

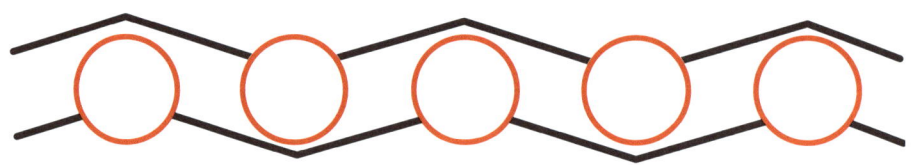

 순간적으로 오르락내리락하는 것처럼 보이는 **원**

방향만 바꿔도 다르게 보이는 선분

세로로 나란히 선분 네 개를 그려 보세요. 가장 왼쪽 선분에 같은 방향과 같은 간격으로 짧은 선분을 비스듬하게 그려보세요. 이번에는 그 다음 선분 위에 같은 방법으로 방향만 바꾸어 짧은 선분을 그려보세요. 같은 방법으로 세로로 그은 선분 네 개에 모두 빗금을 그으세요. 어때요, 세로선 네 개가 모두 삐뚤삐뚤해 보이지요? 정말 신기한 착시가 아닐 수 없습니다.

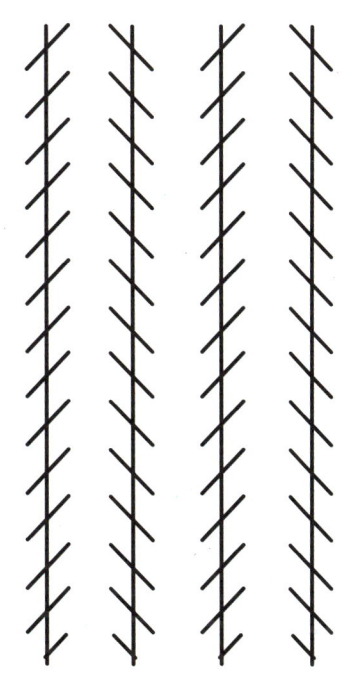

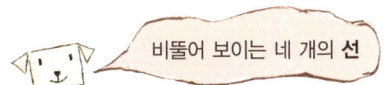

비뚤어 보이는 네 개의 선

이번에는 가로 방향으로 나란히 선분 네 개를 그려보세요. 네 개 중 가운데 두 선분 중앙에 점을 찍은 후 이 점을 지나도록 여러 개의 선분을 그립니다. 신기하게도 가운데 두 선분이 어느 순간 부풀어오른 듯 보일 겁니다. 하지만 친구들의 눈을 절대 믿지 마세요. 선분들은 직선입니다. 이처럼 보이는 것이 전부는 아니랍니다.

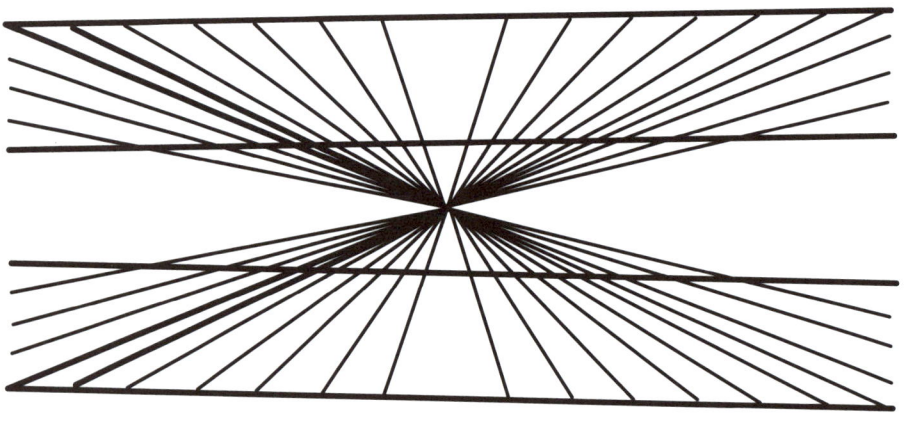

가운데가 부풀어 보이는 나란한 두 **선분**

고흐 | 〈해바라기〉 | 1888 | 캔버스에 유채

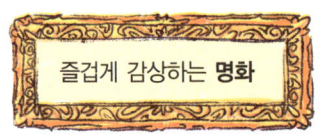
즐겁게 감상하는 **명화**

고흐는 왜 그토록 해바라기를 좋아했을까요?

노란색 물감이 없어……

이번에는 전설적인 화가로 불리는 고흐의 〈해바라기〉 그림(p. 91)을 감상하면서 수학을 공부하는 순서를 마련했어요. 노란 꽃병에 황금색 해바라기가 풍성하게 꽂혀 있는 정물화입니다. 이 정물화는 특이하게도 꽃과 꽃병, 탁자와 배경이 모두 노랗습니다. 고흐는 왜 〈해바라기〉 그림을 온통 노란 색조로 물들인 것일까요? 고흐가 가장 좋아하는 색상이 노란색이기 때문입니다. 고흐가 노란색을 그토록 좋아한 까닭이 있어요. 고흐는 평소 태양과 해바라기를 자신의 분신처럼 아꼈어요. 그런데 태양과 해바라기는 노란색입니다. 따라서 고흐는 숙명적으로 노란색을 좋아할 수밖에 없어요. 하지만 고흐는 〈해바라기〉 그림을 노란색으로 물들이면서도 행여 화면이 지루해질까 염려스러웠는지, 그림에 다양한 변화를 주었어요. 우선 해바라기 형태를 똑같이 묘사하지 않았어요. 좌우 대칭을 활용해서 꽃들을 배치했어요. 예를 들면 꽃병의 중심에 꽂힌 세 송이 해바라기 위쪽으로 수평선을 그으면 맨 위에 꽂힌 세 송이 해바라기와 대칭이 됩니다. 또 화면 왼쪽에 우아한 곡선을 그리면서 꽃잎을 수줍게 아래로 떨군 꽃송이는 화면 오른쪽에서 바닥을 향해 고개를 숙인 꽃송이와 대칭을 이루지요. 그뿐이 아닙니다. 직선으로 날카롭게 뻗은 줄기가 있는가 하면 나풀거리며 춤추듯 구부러진 줄기가 있어요. 이것은 무엇을 뜻할까요? 고흐가 직선과 곡선의 아름다운 조화를 고려해서 그림을 구성했다는 것을 말해줍니다.

또 꽃의 방향도 정면과 측면, 반측면 등 다양하며 꽃의 형태도 갖가지입니다. 활짝 핀 꽃, 이제 막 꽃잎이 벌어지는 꽃, 시들어가는 꽃 등 해바라기 꽃이 피고 지는 과정이 실시간대로 묘사되어 있어요. 아울러 고흐는 해바라기를 묘사하면서 다양한 붓놀림을 실험했어요. 물감을 두툼하게 칠했는가 하면 상대적으로 얇게 칠했어요. 꽃송이들의 균형과 조화를 염두에 둔 것이지요. 색채 또한 절묘합니다. 탁자와 꽃병 윗부분은 짙은 노란색을 칠한 반면 배경과 꽃병 아랫부분은 밝은 노란색을 칠했습니다.

이처럼 치밀하게 화면을 구성하고 색채를 실험했기에 런던 내셔널 갤러리 소장품인 이 그림은 고흐의 〈해바라기〉 그림 중 최고의 걸작이라는 극찬을 받고 있답니다. 그런데 흥미로운 것은 고흐가 해바라기 그림을 수십 점이 넘도록 그렸다는 점입니다. 고흐는 자신의 열정을 해바라기 그림

에 몽땅 쏟아부었어요. 고흐는 왜 그토록 집념을 가지고 해바라기를 그리고 또 그린 것일까요?

해바라기를 보고 세 명 모두 다른 생각들을 하는군.

해바라기는 바로 태양의 꽃이기 때문입니다. 해바라기는 태양의 황금빛 색채와 둥근 형태를 쏙 빼닮았어요. 또한 일편단심 태양만을 사랑하는 충직함을 지녔어요. 고흐는 늘 신성한 해만 바라보는 해바라기가 영혼을 예술에 바친 자신과 똑같다고 생각한 것이지요.

오른쪽 그림은 마른 해바라기를 관찰한 후 묘사한 것입니다. 고흐는 필경 안타까운 심정에서 이 그림을 그렸을 거예요. 해바라기는 태양을 갈망하는 꽃이지만 아쉽게도 그 열정은 오래 지속되지 않아요. 열정적인 꽃이지만 그만큼 빨리 시들어요. 혹 고흐는 오직 태양

고흐 | 〈두 개의 해바라기가 있는 정물〉 | 1887 | 캔버스에 유채

을 갈망하면서도 금세 시들고 마는 해바라기를 지켜보면서 자신의 삶 역시 꽃처럼 짧을 것임을 예견한 것은 아닐까요? 세상과 화해하지 못해 늘 불행했던 화가, 그의 유일한 희망이었던 꽃, 하지만 자신의 고독한 삶을 환히 비추는 태양 같은 해바라기가 마침내 시들고 말았어요. 필경 고흐는 그 허전한 심정을 달래고 싶었을 거예요. 비록 마른 해바라기지만 그 꽃을 그리고 있노라면 마음에 위안이 찾아들 테니까요.

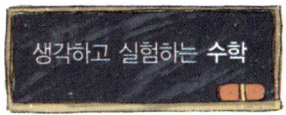

씨앗에 수학이 담겨 있어요!

고흐의 〈해바라기〉 그림(p. 91)에는 수학의 비밀이 숨어 있답니다. 도대체 무엇이냐고요? 성질 급한 친구들을 위해 미리 대답하자면 바로 해바라기의 씨앗 배열입니다. 그야말로 아주 재미있는 배열이 아닐 수 없거든요. 좀더 자세한 배열 관찰을 위해 해바라기 사진을 준비했습니다. 왼쪽 사진 속의 해바라기 씨앗 배열을 유심히 살펴보세요. 어때요, 씨앗 배열이 나선 모양이지요.

이번에는 중심을 향해 나선의 개수를 세어보세요. 시계 반대 방향(파란색 나선 방향)으로 돌아가며 나선의 수를 세면 34개, 시계 방향(빨간색 나선)으로 나선의 개수를 세면 55개입니다. 여기서 잠깐 34와 55를 기억해두세요. 수를 세고 엉뚱하게 그 수를 머릿속에 담아두라고 하니 의아해 하는 친구들이 있을 겁니다. 하지만 이 숫자는 다음과 같은 신기한 수의 배열(수열)과 관련이 있어요. 바로 '피보나치 수열'이라고 부르는 것이지요.

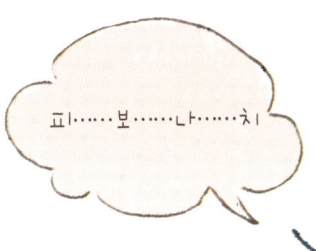

피보나치 수열 : 1, 1, 2, 3, 5, 8, 13, 21, 34, 55, 89 ……

이 수열에서 34와 55를 찾아보세요. 왼쪽부터 세어 34와 55는 각각 아홉 번째, 열 번째에 등장합니다. 이 수열은 규칙에 따라 배열되어 있습니다. 이웃한 두 수를 더해보세요. 바로 그 다음 수임을 발견할 수 있어요. 한마디로 두 수를 더해 그 다음 수가 되는 독특한 성질을 지닌 수열인 셈이죠. 즉 1+1=2, 1+2=3, 2+3=5, 3+5=8, 5+8=13……임을 알 수 있습니다.

해바라기 중엔 나선의 개수가 각각 55, 89개인 것도 있어요. 고흐가 그린 해바라기는 이처럼 피보나치 수열을 따라 씨앗을 배열하지요. 어디 그

뿐인가요. 솔방울의 씨앗 배열 역시 피보나치 수열을 따르고 있어요. 해바라기 씨앗처럼 중심을 향해 시계 반대 방향(파란색 나선 방향)으로 돌면서 나선을 그려보세요. 이번엔 시계 방향(빨간색 나선)으로 돌면서 나선을 그려보세요. 각각 몇 개의 나선이 그려지나요? 그렇지요, 13개와 8개의 나선이 그려집니다. 여기서 등장하는 8과 13 역시 피보나치 수열에서 왼쪽부터 차례로 여섯 번째와 일곱 번째에 등장하는 수입니다.

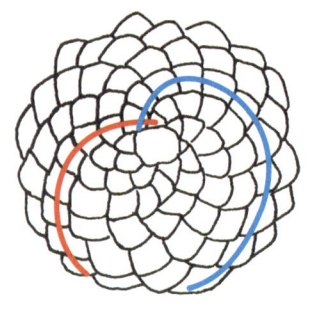

해바라기와 솔방울의 **씨앗 배열** 모습

그렇다면 해바라기나 솔방울의 씨앗 배열은 왜 이 같은 수열을 따르는 걸까요? 햇빛을 많이 받으려는 자연스런 현상이지요. 참으로 신기합니다. 수학 규칙에 따른 씨앗 배열로 일사량을 늘렸다니 말입니다.

 ## 피보나치 정사각형으로 직사각형 만들기

한 변의 길이가 각각 1, 1, 2, 3, 5, 8인 정사각형을 '피보나치 정사각형'이라 부릅니다. 이 정사각형들을 이어 붙이면 직사각형을 만들 수 있어요. 이렇게 얻은 직사각형을 '피보나치 직사각형'이라고 하지요. 피보나치 직사각형의 짧은 변과 긴 변의 길이는 각각 얼마일까요? 일단 친구들 나름대로 답을 추측한 후 모눈종이나 색종이를 가지고 그 답이 맞는지 직접 확인해보세요.

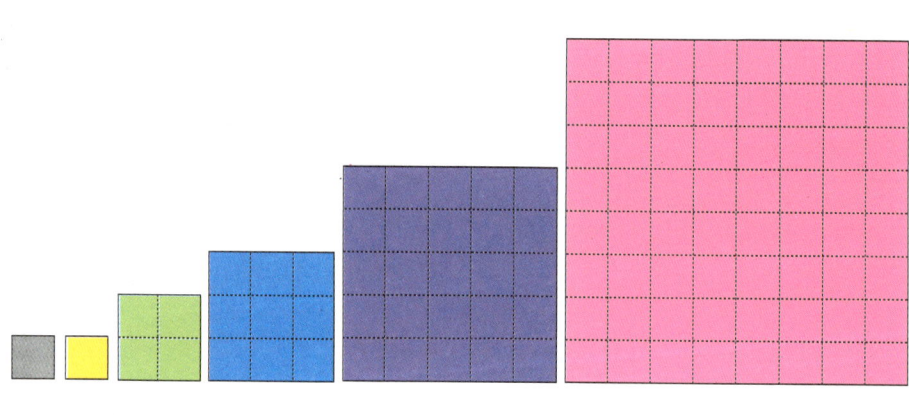

피보나치 **정사각형**

피보나치 직사각형을 만드는 정사각형의 배열 방법은 아주 다양합니다. 정사각형을 색으로 구분한 후 배열한 예는 다음 그림과 같아요.

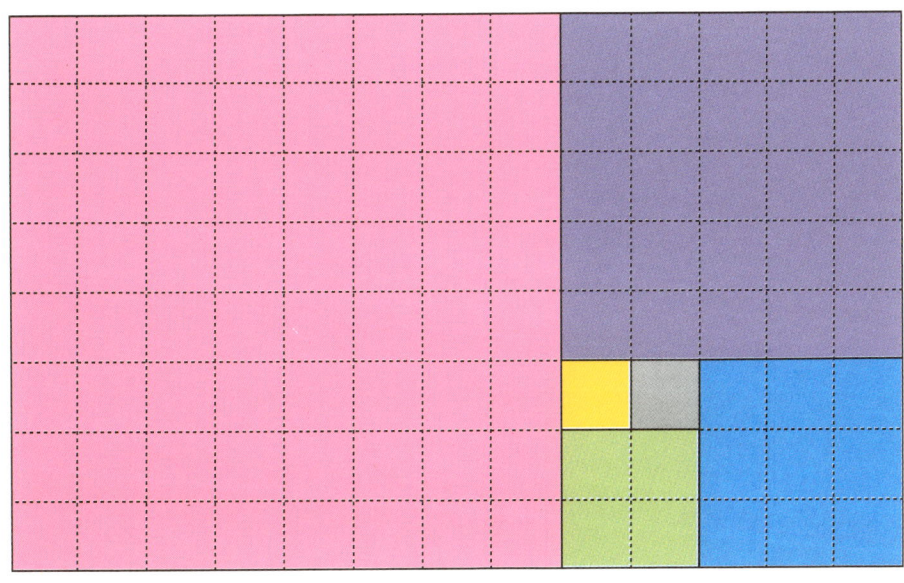

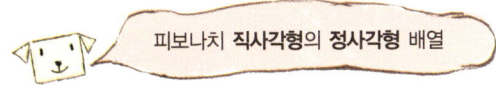
피보나치 **직사각형**의 **정사각형** 배열

해바라기가 부리는 마술

이번에는 해바라기 씨앗 배열을 굵은 선으로 그려보세요. 그리고 가만히 그림을 들여다보세요. 어때요, 자꾸만 동심원들이 생겨나서 안이나 밖으로 밀려나지 않나요? 그래서 해바라기 꽃 모양이 동그란지도 모르겠습니다. 아무튼 신기한 현상임에는 틀림없어요.

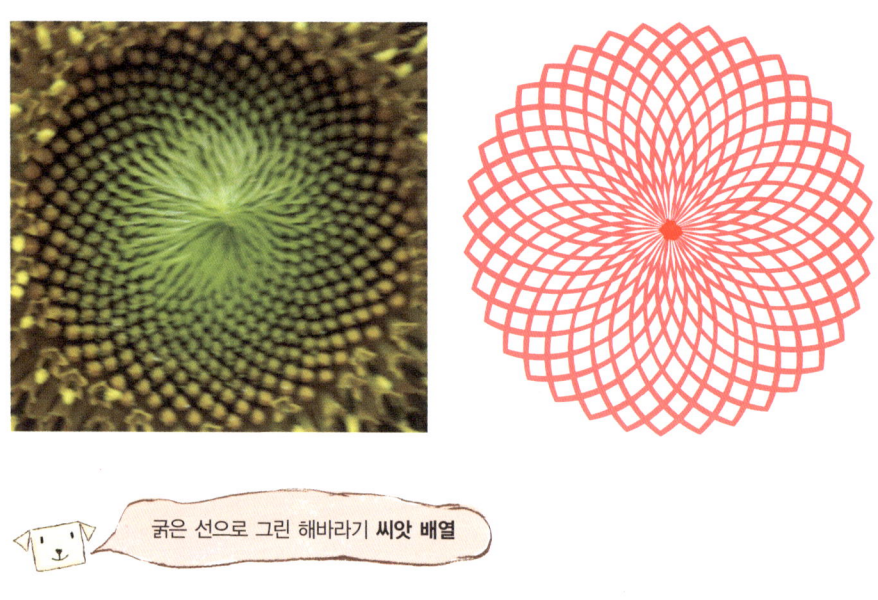

굵은 선으로 그린 해바라기 **씨앗 배열**

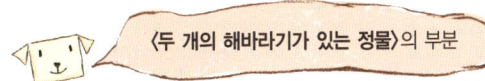
〈두 개의 해바라기가 있는 정물〉의 부분

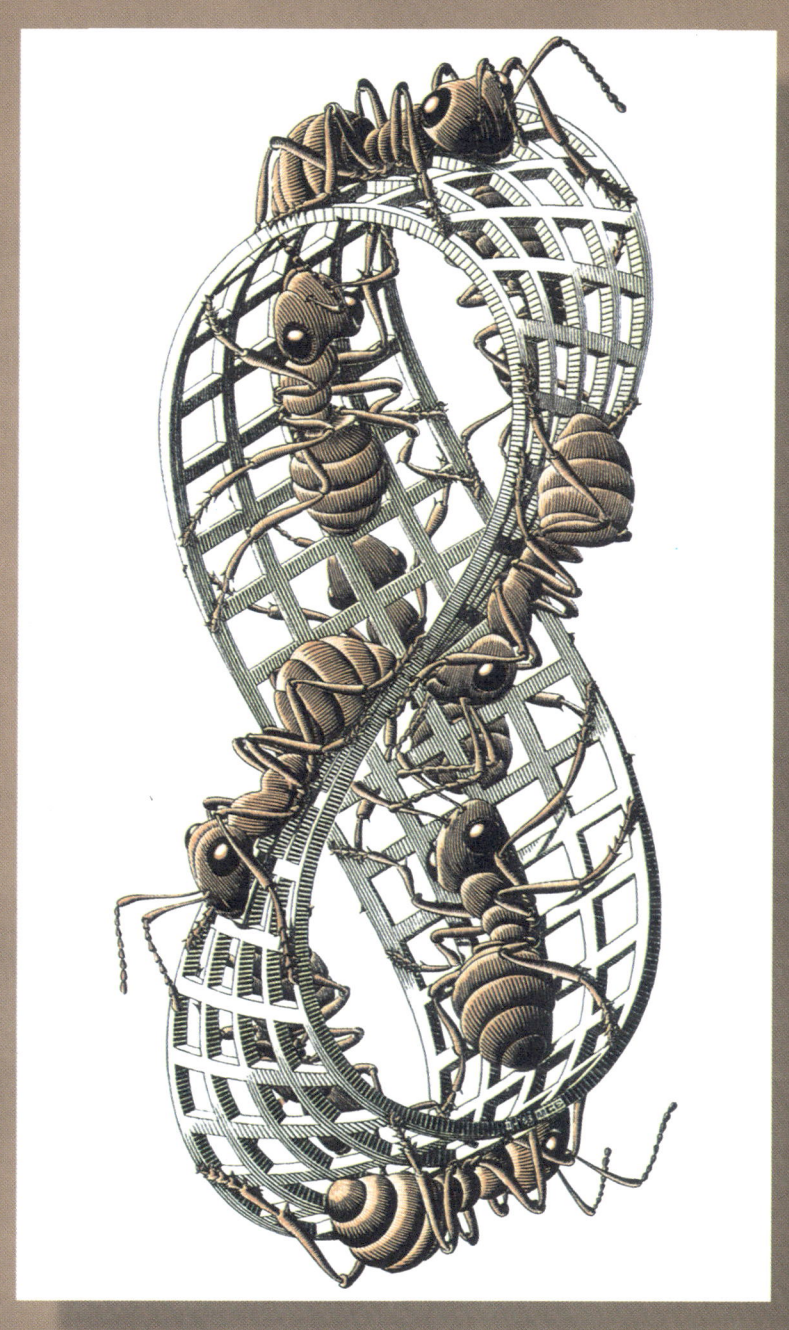

에셔 | 〈뫼비우스 띠〉 | 1963 | 목판화

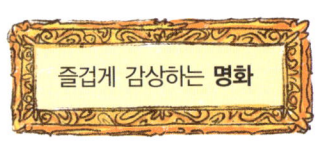 즐겁게 감상하는 **명화**

뫼비우스 띠를 그림으로 옮겨놓았다고요?

이번에는 네덜란드 출신의 세계적인 판화가 에셔의 작품(p. 105)에 나타난 수학적 요소를 추적해보겠어요. 9마리의 붉은 개미가 8자 형태의 리본 둘레를 행진하는 장면입니다. 그런데 그림을 자세히 살피면 이상한 점을 발견할 수 있어요. 개미들은 8자 형태의 리본 띠를 열심히 기어다니지만 늘 제자리로 돌아오고 맙니다. 저런 상황이라면 개미들은 평생 동안 리본 띠의 둘레를 돌고 또 돌 수밖에 없을 거예요.

출발 지점이 있으면 도착점이 있는 것이 세상의 이치인데 이 리본 띠의 세계에서는 그런 진리가 통하지 않아요. 어떻게 그런 일이 가능할까요? 혹 저 리본은 마법의 띠가 아닐까요? 아닙니다. 개미들 입장에서는 정말 황당하기 그지없는 리본 띠는 뫼비우스 띠입니다. 뫼비우스 띠란 안이 밖이며, 밖이 안인 신기한 띠를 가리켜요. 이 띠는 17세기 독일의 수학자 오거스터스가 발명했습니다. 늘 수학에 관심이 많았던 에셔가 안이면서 바깥인 뫼비우스 띠의 원리를 깨닫고 감명을 받은 후 그 신선한 감동을 판화에 옮긴 것이지요.

에셔는 수학적인 원리를 미술에 묘사한 화가로 유명해요. 그런데 그가 미술과 수학을 결합한 까닭이 있어요. 미술은 아름다움을 표현한 것이며 아름다움이란 수학적인 질서와 규칙을 지닐 때 창조된다는 신념을 가졌기 때문입니다. 따라서 에셔는 미술처럼 조화롭고 아름다운 세상을 만들기 위해서는 단순함과 질서, 규칙성과 같은 수학적인 요소가 반드시 필요하다고 여겼어요.

이처럼 수학을 좋아한 에셔이니 만큼 그의 판화에는 수학자들도 깜짝 놀랄 정도로 풍부한 수학적 원리가 담겨 있어요. 오늘날에도 많은 수학자들이 에셔의 작품을 연구하고 심지어 수학자들로 이루어진 팬클

"나만 미워해……"

럽까지 형성되어 있어요. 에셔는 수학자들이 자신의 작품에 흥미를 갖는 것을 무척 기쁘게 생각했어요. 자신이 미술과 수학을 연결하는 다리가 된다는 사실에 강한 자부심을 느낀 것이지요.

그런데 흥미로운 것은 그토록 수학자들을 감탄시킨 에셔가 정작 고등학교에 다닐 때까지는 수학 실력이 형편없었다는 점입니다. 에셔는 미술가로 성공한 후 학창 시절에 수학을 못한 사실을 솔직히 고백했어요. 하지만 대학에서 판화를 공부하면서 수학에 대한 생각이 달라졌어요. 그는 수학자들의 이론에 큰 흥미를 느끼게 되었습니다. 자연 현상의 법칙, 질서, 규칙성, 주기적 반복 등 이른바 수학적 원리에 눈을 뜨면서 새삼 수학이 인간에게 얼마나 중요한지 깨닫게 되었습니다. 이런 에셔에 대한 정보를 바탕으로 작품을 감상하면 그가 왜 뫼비우스 띠를 미술의 주제로 삼았는지 이해할 수 있을 거예요.

그런데 뫼비우스 띠를 끊임없이 돌고 있는 저 개미들은 에셔의 내면을 거울처럼 반영해요. 에셔는 내성적이고 고독하며 다른 사람들과 쉽게 어울리지 못하는 성품을 지녔어요. 왜냐하면 그는 한 가지 일에 집중하고 몰입하는 예술가적 기질을 타고났기 때문입니다. 예를 들면 에셔는 작품 구상이 끝나고 본격적인 창조 작업이 시작되면 그 일에 완전히 사로잡혀서 심지어 가족이 곁에 있는 것마저 견디지 못합니다. 이런 점이 가족들에게 큰 상처를 준다는 사실을 잘 알면서도 그는 어쩔 수 없었어요. 하지만 마음은 편치 않았기에 은둔자처럼 화실에 틀어박혀 더욱 작업에 몰두하곤 했습니다.

이런 에셔가 뼈저린 고독을 느낀 것은 지극히 당연한 현상이겠지요. 외로움에 시달리던 에셔는 1955년 지인에게 이런 편지를 썼어요.

그래도 에셔는 수학적 원리를 알았답니다.

인생이란 외로움 속에서 혼자 단련하는 것을 배우는 학교다.

자신의 고독한 심정을 편지에 하소연할 만큼 뼈저린 외로움을 겪어야만 했던 에셔. 하긴 예술 그 자체가 뫼비우스 띠가 아닐까요? 늘 창조하지만 그 창조의 끝이 보이지 않는 것이 예술이니까요. 대부분의 예술가들은 작품을 완성한 후에도 부족한 점이 느껴져 또다시 창작 욕구를 불태웁니다. 그래서 완성과 동시에 또 다른 창작이 시작되지요. 저 뫼비우스 띠를 도는 개미처럼 예술이라는 뫼비우스 띠를 숙명처럼 돌고 또 도는 것입니다.

수학도 못한 주제에!

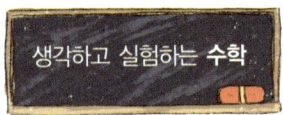

도대체 안과 밖을 구분할 수 없어요!

에셔의 〈뫼비우스 띠〉를 보면 8자 형태의 리본 띠 위를 줄지어 이동하는 개미를 볼 수 있어요. 차근차근 잘 세어보면 개미는 모두 9마리임을 알 수 있어요. 개미를 행성으로, 리본 띠를 우주 공간으로 바꿔 생각하면 과거에 태양계의 9행성으로 불리던 별들(수성, 금성, 지구, 화성, 목성, 토성, 천왕성, 해왕성, 명왕성)이 생각납니다. 지금은 명왕성이 제외되어 태양계의 행성은 8개뿐이지만 말이지요.

그런데 개미들은 어떻게 안과 밖을 넘나들며 돌아나올 수 있는 걸까요? 사실 그 비밀은 그림의 제목, 즉 '뫼비우스 띠'에 있습니다. 내친김에 뫼비우스의 띠를 만드는 방법에 대해 생각해볼까요. 먼저 양면 색종이를 길게 잘라내어 위나 아래로 한 번(180도) 비튼 후 풀로 이어붙이면 그림과 같은 고리 모양 띠를 얻을 수 있어요(p. 112). 이것을 바로 뫼비우스 띠라고 부르지요. 1858년 독일의 수학자 뫼비우스

(1790~1868)가 발견한 이후 현재까지도 같은 이름으로 부르고 있답니다.

그렇다면 뫼비우스 띠는 어떤 특징이 있을까요? 한쪽 면에 연필을 대고 면을 따라 계속 움직여 보세요. 어느새 처음 자리로 돌아옵니다. 처음 자리로 돌아온다는 점에서 뫼비우스 띠는 안과 밖의 구별이 없는 한 개의 면으로 보기도 합니다.

111 돌고 도는 개미의 숙명

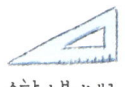
뫼비우스 띠 만들기

먼저 양면 색종이를 세 번 접어 오리면 8개의 긴 띠를 얻을 수 있습니다. 이중 하나를 180도 비틀어 양끝을 풀로 붙여주세요. 어때요, 안과 밖이 연결된 하나의 띠가 만들어지지요. 연필로 색종이 면을 따라 움직여보세요. 제자리로 돌아오는 것을 확인할 수 있습니다.

여기서 친구들에게 질문 하나를 던져볼게요. 그 선을 따라 띠를 자르면 어떻게 될까요? 두 조각으로 갈라질까요? 전혀 그렇지 않습니다. 8자 모양의 긴 고리가 된답니다. 실제로 실험해보면 더 분명하게 알 수 있을 겁니다.

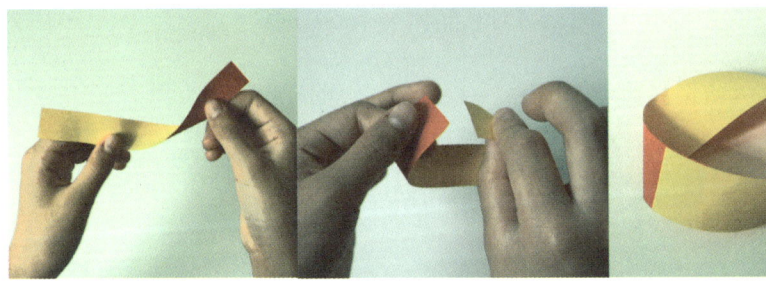

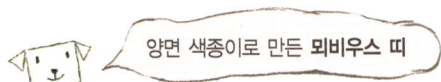
양면 색종이로 만든 **뫼비우스 띠**

뫼비우스 띠로 하트 만들기

먼저 색종이 두 장을 8등분으로 오려내어 같은 색깔의 긴 띠를 각각 8장씩 준비하세요. 그리고 서로 색깔이 다른 긴 띠 두 장을 직각이 되도록 풀로 붙이세요. 이제 띠 앞뒤 한가운데에 선을 그으세요. 이렇게 선을 그어놓으면 가위로 오릴 때 편하거든요. 자, 이제 두 장의 띠를 서로 반대 방향으로 각각 한 번씩 비틀어 양끝을 이어붙이세요. 어때요, 뫼비우스 띠 두 개가 서로 직각으로 붙었지요.

마찬가지로 여기서 친구들에게 질문 하나를 던질게요. 가운데 그은 선을 가위로 오려내면 서로 붙어 있던 뫼비우스 띠 두 개는 어떻게 될

 두 개의 뫼비우스 띠로 만든 두 개의 **하트**

까요? 가느다란 고리 두 개가 될까요? 친구들이 상상할 수 없는 놀랍고 신기한 일이 벌어집니다. 꼬여 있던 뫼비우스 띠 두 개가 사랑스런 하트 두 개로 변신하니 말입니다.

하지만 여기서 잠깐. 뫼비우스 띠 두 개를 만들 때 서로 반대 방향으로 비틀어 붙이지 않으면 전혀 다른 모양이 되고 맙니다. 더구나 풀칠을 대충하면 가위질할 때 접합 부분이 떨어져서 처음부터 다시 해야 하니 차근차근 꼼꼼하게 따라해보세요. 이렇게 만든 사랑스런 하트 두 개를 좋아하는 친구에게 선물하면 어떨까요?

샤르댕 | 〈카드의 성〉 | 1736~7 | 캔버스에 유채

초상화에는 어떤 교훈이 담겨 있을까요?

 이번에는 18세기 프랑스 화가 샤르댕의 초상화(p. 117)에 담긴 수학을 배우는 순서를 준비했어요. 그림의 주인공은 카드로 열심히 성을 만들고 있는 소년입니다.

 소년은 뺨이 곱게 상기된 채 책상 앞에 앉아서 두 눈을 내리깔고 카드로 성을 짓는 작업에 몰두하고 있어요. 이 소년은 샤르댕의 절친한 친구인 쟝의 아들입니다. 쟝은 가구를 제작해서 판매하는 사람인데 샤르댕의 결혼식 증인을 자청할 만큼 화가와 가까운 사이였어요. 두 사람의 사이가 돈독했기에 샤르댕은 자연스럽게 친구 가족의 일상을 관찰할 기회가 많았으며, 또 쟝의 아들에게 초상화의 모델이 되어줄 것을 요청할 수 있었습니다.

 그림 속 소년은 당시 유행하는 옷차림을 했어요. 세 개의 뿔이 달린 모자를 썼으며 머리카락은 리본으로 단정하게 묶었어요. 또 8각형 형태의 단추가 달린 우아한 코트를 입었어요. 초상화의 매력은 이처럼 당대 패션의 흐름을 한눈에 알아볼 수 있다는 점에 있어요. 하지만 샤르댕 초상화의 특별함은 당시 패션을 묘사하는 것에 그치지 않아요. 초상화가 그려질 시기의 풍속도 생생하게 전달해줍니다. 예를 들면 소년이 앉은 책상 서랍을 보세요. 서랍이 열려 있어요. 이것은 무엇을 뜻할까요? 평소 소년이 책상 서랍에 카드를 넣어두는 습관을 말해주는 동시에 소년의 가족들 역시 카드놀이를 즐겼다는 점을 알려주고 있어요.

이처럼 샤르댕의 초상화는 초상화이면서 당시 사람들의 일상을 묘사한 풍속화이기도 합니다. 초상화와 풍속화를 결합한 특성 때문에 샤르댕은 18세기 최고의 화가라는 찬사를 받고 있어요. 하지만 이 작품이 걸작의 대접을 받는 것은 그림 속에 또 다른 의미가 숨어 있기 때문입니다. 샤르댕은 사람들에게 인생의 교훈을 주기 위한 의도에서 이 그림을 제작했어요. 이 초상화는 반드시 죽음을 맞게 되는 인간의 숙명, 즉 죽음을 피할 수 없는 인간의 허무한 삶을 암시하고 있습니다. 그림 속 소년은 정신을 집중해서 카드로 성을 건축하는 중입니다. 그러나 소년이 제아무리 공들여 성을 지을지라도 언젠가는 비정한 죽음이 찾아와서 그의 노력을 헛되게 만들고 맙니다. 죽음은 사람들이 계획하고 실행하는 모든 일들을 단숨에 무너뜨릴 만큼 가공할 힘을 지녔으니까요. 인간의 원대한 꿈이나 야망도 소년이 카드로 지은 성처럼 쉽게 부서지고

맙니다.

 샤르댕은 죽음 앞에서 인간이 얼마나 무력한 존재인가를 알리기 위해 이 그림을 그렸어요. 인간의 덧없는 인생을 카드로 만든 성에 비유한 그림에 깊이 감동을 받았던가, 이 초상화가 프랑스 살롱전에 출품되었을 때 레피세라는 사람은 다음과 같은 글을 썼어요.

 귀여운 소년아, 너의 행복을 쫓아가라. 우리는 금세 깨지고 말 너의 노력에 웃음을 참지 못한다. 굳이 비밀을 말한다면 과연 어느 것이 더 튼튼한가. 카드로 만든 너의 집인가, 아니면 운명의 손길인가.

 하지만 그림 속 소년은 아직은 죽음의 위협을 느끼지 못해요. 왜냐하면 청소년기는 인생의 봄날에 해당되며 내일에 대한 꿈을 자양분 삼아 나무처럼 싱그럽게 자라는 시기거든요. 삶의 무상함을 경험하지 못한 희망 찬 시절을 사는 소년답게 그는 양볼을 빨갛게 물들이면서 열심히 카드로 성을 건축합니다.

 살아 있는 순간에 최선을 다하면서 열정적으로 미래의 성을 짓는 저 소년, 그는 설령 내일 죽음이 찾아온다 할지라도, 비록 성을 만드는 일이 헛될지라도 현재에 충실하면서 내일을 건설합니다. 그렇다면 저 소년은 평범한 일상을 아름답게 만드는 예술에 일생을 바친 샤르댕의 분신이 아닐까요?

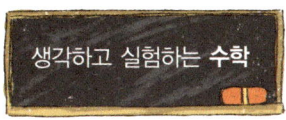

카드만으로 성을 쌓을 수 있다!

그림의 소년처럼 친구들도 카드를 가지고 놀아본 경험이 있을 거예요. 실제로 카드로 할 수 있는 놀이는 아주 다양합니다. 혹시 카드를 세워 성을 만들어본 적이 있나요? 힘도 없고 얇은 카드로 어떻게 성을 만들 수 있냐고요? 글쎄요, 카드 두 장으로 균형만 잘 맞춘다면 성을 쌓아올릴 수 있답니다. 카드 한 세트를 가지고 얼마만큼의 높이로 성을 쌓을 수 있을까요? 또한 이때 필요한 카드수에는 어떤 규칙이 숨어 있을까요?

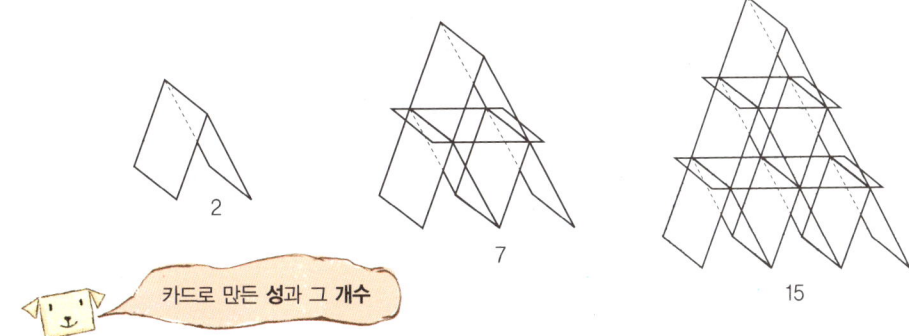

카드로 만든 **성**과 그 **개수**

일단 카드 성을 쌓는 데 필요한 카드 개수부터 생각해보지요. 위의 그림처럼 1층짜리 카드 성을 쌓는 데 필요한 카드는 두 장입니다. 그렇다면 2층, 3층짜리 카드 성을 쌓는 데 필요한 카드의 개수는 각각 얼마일까요? 네, 7장, 15장입니다. 이번에는 수학식으로 생각해볼까요. 각 층에 필요한 카드수는 다음과 같이 표현할 수 있습니다.

1층: 2

2층: $2(1+2)+1=7$

3층: $2(1+2+3)+(1+2)=15$

4층: $2(1+2+3+4)+(1+2+3)=26$

5층: $2(1+2+3+4+5)+(1+2+3+4)=40$

6층: $2(1+2+3+4+5+6)+(1+2+3+4+5)=57$

내친 김에 7층짜리 카드 성을 쌓는 데 필요한 개수도 생각할 수 있겠지요.

7층: $2(1+2+3+4+5+6+7)+(1+2+3+4+5+6)=77$

자, 여기서 잠깐! 질문 한 가지를 덧붙여보겠습니다. 카드 한 벌로 과연 몇 층짜리 성을 쌓을 수 있을까요? 관찰이 뛰어난 친구라면 이미 그 답을 알았을 겁니다. 카드 한 벌로 쌓아 올릴 수 있는 성은 5층이지요. 카드 한 벌은 모두

52장인데 5층을 쌓으면 12장이 남고 6층을 쌓으려면 5장이 모자라니까요.

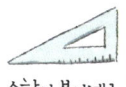 **카드 게임에서 언제나 이기는 방법**

하트(♥), 다이아몬드(♦), 스페이드(♠), 클로버(♣) 무늬에 각각 1, 2, 3, 4가 적힌 카드가 있어요. 갑과 을이 게임을 하려고 합니다. 게임의 첫 번째 규칙은 번갈아가며 한 번에 한 장의 카드를 가져오되 다시 돌려놓을 수는 없는 것입니다. 두 번째 규칙은 카드에 적힌 숫자를 계속 더해 22가 되는 카드를 고르는 사람이 게임에서 이기는 것이지요. 예를 들어 갑이 3, 을이 4를 선택하면 현재까지 나온 수의 합은 7이고, 다음에 갑이 4를 선택하면 현재까지 나온 수의 합은 11이 됩니다.

갑이 먼저 카드 한 장을 선택한다고 가정합시다. 이때 갑이 이기려면 어떤 전략이 필요할까요?

두 번째 질문,
…… 카드 게임에서 이기려면?

네 가지 무늬의 카드 16장

으음……
내가 졌다!

갑이 게임에서 이기려면 숫자의 조합이 2, 7, 12, 15, 22가 되도록 카드를 선택하면 됩니다. 하지만 항상 이 방법이 최선일까요? 물론 그렇지 않습니다. 갑이 2를 선택할 때, 을이 3을 선택하고 갑은 7을 만들기 위해 2를 선택하지요. 을이 계속해서 3을 선택하면 선택된 카드는 2, 3, 2, 3, 2, 3, 2, 3이 되어 2와 3이 적힌 카드를 모두 사용하고 말겠지요. 따라서 더 이상 2를 선택할 수 없으므로 22를 만들 수 없습니다. 이 게임은 상대에 따라 상황이 바뀔 수 있어요. 먼저 2번 카드를 선택하는 것이 유리하지만 항상 그런 것은 아니니까요. 하지만 2를 먼저 선택하는 것이 이길 가능성이 높은 전략임은 틀림없는 사실이겠지요.

작품 목록

작가 미상 | 〈세상을 지으시는 하나님〉 | 오스트리아 국립도서관, 빈

블레이크 | 〈영원〉 | 1827 | 수채와 에칭

프랭크 스텔라 | 〈도형〉 | 1968

프랭크 스텔라 | 〈르 베르 드 달랑베르〉 | 1974 | 캔버스에 합성 폴리머

달리 | 〈코끼리를 비추는 백조〉 | 1937 | 캔버스에 유채

칸딘스키 | 〈흰색 위의 연구〉 | 1922 | 캔버스에 유채

찰스 드머스 | 〈금빛으로 빛나는 5〉 | 1928 | 종이에 유채

브리짓 라일리 | 〈폭포〉 | 1964 | 구성 보드에 합성 염료

고흐 | 〈해바라기〉 | 1888 | 캔버스에 유채

고흐 | 〈두 개의 해바라기가 있는 정물〉 | 1887 | 캔버스에 유채

에셔 | 〈뫼비우스 띠〉 | 1963 | 목판화

샤르댕 | 〈카드의 성〉 | 1736~7 | 캔버스에 유채